GW00418388

LES PRÉSIDENTS
DE LA RÉPUBLIQUE
FRANÇAISE

STÉPHANE BAUMONT

Sommaire

Les mots suivis d'un astérisque (*) sont expliqués dans le glossaire.

Monarque constitutionnel ou monarque républicain ?

HAUT-DE-FORME

PORT DE LA MOUSTACHE OBLIGATOIRE SELON L'ÉPOQUE

NOEUD PAPILLON BLANC SUR COL BLANC AMIDONNÉ

ÉCHARPE EN SOIE ROUGE

PLAQUE DE GRAND OFFICIER DE LA LÉGION D'HONNEUR

JAQUETTE

SOULIERS BIEN CIRÉS

Proclamée pour la première fois en France le 22 septembre 1792, après la déposition de Louis XVI, la République ne connut son premier président qu'en 1848, sous la IIe République. Avec la IIIe République, la fonction présidentielle assoit sa légitimité dans la durée et la reconnaissance constitutionnelle et politique. Le 21 août 1871 est remise en vigueur l'appellation de président de la République.

En dehors de la période du régime de Vichy, elle ne sera jamais remise en question : c'est ainsi que la IIIe République comptera quatorze présidents, la IVe République deux, la Ve République en étant à son cinquième titulaire en un peu plus de quarante ans. À noter aussi l'exercice de ces fonctions par un président intérimaire, en 1969 et 1974, à la suite de la démission du général de Gaulle et de la mort de Georges Pompidou.

Ces biographies des présidents illustrent la force de la province, le parcours républicain et la personnalisation de la fonction ou la personnalité de l'homme l'incarnant au gré de ces cent vingt-neuf années de présidence. Elles montrent aussi comment l'interprétation des Constitutions et la pratique politique ont fait du président soit un monarque constitutionnel faible et sans pouvoir (IIIe, IVe République), soit un monarque républicain puissant ou affaibli (sous les trois cohabitations de la Ve République).

Louis-Napoléon Bonaparte

(du 10 décembre 1848 au 2 décembre 1852)

C'est le premier de tous nos présidents de la République. Il présida aux destinées de la IIe République de 1848 à 1851, avant d'inventer un second « *césarisme* ».

Aux origines

Né en 1808 de Louis Bonaparte et d'Hortense de Beauharnais, officier d'artillerie comme son oncle, élevé par sa mère dans le culte du grand empereur, le jeune Louis-Napoléon tente, par deux fois, de s'emparer du pouvoir : à Strasbourg en 1836 et à Boulogne en 1840. Homme intelligent, cultivé et secret, particulièrement intéressé par les problèmes économiques et sociaux, lié aux saint-simoniens*, il publie plusieurs brochures, dont *L'Extinction du paupérisme*.

Le parcours républicain

Élu le 4 juin 1848, à la faveur d'une élection législative partielle validée par l'Assemblée, alors que la loi de bannissement devait lui être appliquée, le prince démissionne, quitte la France, puis revient le 17 septembre pour être triomphalement réélu dans cinq départements, dont la Seine, où il obtient 300 000 voix. À gauche des « républicains modérés », dont Alphonse de Lamartine (1790-1869) et François Arago (1786-1853) sont les principales figures, il siégera peu à l'Assemblée. L'élection présidentielle a lieu au suffrage universel le 10 décembre. Six candidats sont en présence : Louis-Napoléon, soutenu par les conservateurs, le général Louis Eugène Cavaignac (1802-1857), Alexandre Ledru-Rollin (1807-1874), François-Vincent Raspail (1794-1878), Lamartine et le général Nicolas Changarnier (1793-1877). Louis-Napoléon Bonaparte obtient 5 millions et demi de voix, car il a eu l'habileté de se présenter tout à la fois comme « *le vengeur des humiliations de 1815, le garant de l'ordre et de la liberté et le médiateur entre les possédants et les déshérités* » (Pr Guy Antonetti).

Le vice-président

Henry Boulay de la Meurthe (1771-1858) fut le vice-président de la IIe République de 1848 à 1852. Avocat, orléaniste* de gauche, remarqué pour ses interventions sur l'enseignement, il avait été député de 1839 à 1848. Une de ses sœurs, Madeleine, épousa Louis Chodron de Courcel. De cette famille bourgeoise anoblie en 1867 descend notamment Bernadette de Courcel, épouse Chirac.

apprentissage républicain | présidence interrompue | République de la provinc

La présidence

Premier et unique président de la IIe République, dont la Constitution a été adoptée le 4 novembre 1848, le prince-président laisse l'Assemblée, dominée par le « Parti de l'ordre* », se discréditer peu à peu aux yeux de l'opinion en multipliant notamment les lois réactionnaires : loi sur la liberté de réunion, lois sur l'enseignement (loi Parieu du 11 janvier 1850 et loi Falloux du 15 mars 1850, qui multiplient les établissements confessionnels et vont à l'encontre de la laïcité préconisée par la République), loi électorale, loi sur la presse, enfin, qui entrave gravement la liberté de celle-ci. Divisés après la mort de Louis-Philippe, le 26 août 1850, les monarchistes ne s'entendent pas sur un prétendant.

Le prince-président en profite pour soigner sa popularité et demander une révision de la Constitution (pour supprimer la clause de non-rééligibilité du président). Combattue par Victor Hugo (1802-1885), Cavaignac, Adolphe Thiers (1797-1877) et Charles de Rémusat (1797-1875), elle n'atteint pas la majorité requise des trois quarts. Dès lors, le prince-président réalise un coup d'état le 2 décembre 1851 (jour anniversaire du sacre de Napoléon Ier et de la victoire d'Austerlitz). L'Assemblée est dissoute, une nouvelle Constitution mise en chantier. Devenu Napoléon III, il régnera pendant vingt ans, jusqu'à la capitulation de la France, le 1er septembre 1870. Il sera alors conduit en Allemagne, puis autorisé à résider en Grande-Bretagne, où il s'éteindra en 1873. Née après les journées d'émeute de juin 1848, la IIe République mourra dans le coup d'État sanglant et antirépublicain fomenté et réalisé par celui que le suffrage universel avait désigné comme président non rééligible de la République.

Louis-Napoléon Bonaparte est l'incarnation d'un paradoxe bien français : premier président de notre première Constitution républicaine instituant un régime présidentiel, il fut, à la suite d'un coup d'État, le second empereur d'une France qui vécut sous son autorité pendant vingt-deux ans.

Louis Adolphe Thiers

(du 31 août 1871 au 24 mai 1873)

S'imposant après le désastre militaire de Sedan, ce chef des orléanistes devient, après l'écrasement de la Commune, le chef du pouvoir exécutif, avec le titre de « président de la République ».

Aux origines

Né en 1797 à Marseille, Adolphe Thiers poursuit ses études de droit à la faculté d'Aix-en-Provence. Reçu avocat en 1820, il délaisse le barreau pour le journalisme. Il contribue, par ses articles dans *Le Constitutionnel*, à la chute de Charles X et à l'avènement de Louis-Philippe (1830). Historien de la Révolution, devenu fortuné par un riche mariage avec la très jeune Élise Dosne (alors âgée de 15 ans), ce « *Mirabeau-Mouche* », comme le surnommait Mme de Girardin (il mesurait 1,55 m), doit son entrée en politique à la protection de Talleyrand (1754-1838). Sa vive intelligence, son extraordinaire capacité de travail, son égoïsme et son insensibilité en feront l'un des hommes forts de la « *République sans les républicains* », le symbole de la « *grande bourgeoisie possédante, inflexible, intransigeante, répressive* » (Pr Guy Antonetti) et susciteront d'acerbes critiques : « *croûtard abject* » selon Gustave Flaubert (1821-1880), « *gnome monstrueux* » d'après Karl Marx (1818-1883).

« Ce petit plébéien marseillais a été, dans sa jeunesse, un affairiste dévoré par l'ambition de faire fortune et un arriviste bien décidé à faire carrière. »
Guy Antonetti,
Histoire contemporaine politique et sociale, 1993.

Le parcours politique

Député du 22 octobre 1830 au 24 février 1848, il est nommé sous-secrétaire d'État aux Finances de 1830 à 1831. Il occupe ensuite successivement les portefeuilles de l'Intérieur et des Travaux publics,

apprentissage républicain | présidence interrompue | République de la province

avant de remplacer le duc Albert de Broglie (1821-1901) à la présidence du Conseil le 24 février 1836, fonction qu'il cumule avec celle de ministre des Affaires étrangères. Président du Conseil* durant six mois en 1836, huit mois en 1840, il ne le restera que quelques heures du 23 au 24 février 1848, alors que Paris, couvert de barricades, le conduira à la démission. Elle précède de peu l'abdication du roi Louis-Philippe (1773-1850) et la proclamation de la République à l'Hôtel de Ville sous la conduite de Lamartine. Élu représentant du peuple en juin 1848, il soutient d'abord Louis-Napoléon Bonaparte avant de faire partie de l'opposition monarchiste. Arrêté le 2 décembre 1851, exilé, il rentre en France dès 1852. Il est élu député de la Seine de 1863 au 4 septembre 1870. En 1871, son destin bascule.

Le président

Longtemps chef des orléanistes*, Adolphe Thiers, après l'écrasement de la Commune de Paris* en 1871, exorcise le démon de la « République rouge » et couronne sa carrière politique en fondant la République. Le 12 février 1871, il prend le titre de « *chef du pouvoir exécutif de la République française* [...] *en attendant qu'il soit statué sur les institutions de la France* ». La loi Rivet du 31 août 1871 confère à Thiers le titre de président de la République. Le plébéien marseillais cumule alors cette haute fonction avec celles de député et de président du Conseil, unique cas de figure dans l'histoire constitutionnelle et politique française. Il répare les dégâts de l'Empire dans les domaines des finances, de l'administration et de l'armée, puis se rallie à la République dans son message du 13 novembre 1872 : « *La République existe, elle est le gouvernement légal du pays.* [...] *Tout gouvernement doit être conservateur, la République sera conservatrice ou ne sera pas.* » Victime de ce ralliement, il est désavoué par l'Assemblée le 24 mai 1873 et remplacé le soir même par le maréchal de Mac-Mahon (1808-1893), duc de Magenta.

> **Article 1er de la proposition Rivet du 31 août 1871**
> « *M. Thiers exercera, sous le titre de président de la République, les fonctions qui lui ont été dévolues par décret du 17 février.* »

> « *Chef, c'est un qualificatif de cuisinier.* »
> **Adolphe Thiers**

> Illustration exemplaire des différents régimes qu'il servit au point de les incarner, l'orléaniste Thiers fut le précurseur de cette nouvelle République que fut la IIIe, en cumulant, fait unique dans l'Histoire, les fonctions de député, de président du Conseil et de président de la République.

Patrice de Mac-Mahon
(du 24 mai 1873 au 30 janvier 1879)

Maréchal de belle prestance, cet homme d'ordre et d'honneur accepta, bien que légitimiste, les fonctions de président de la République pour « *garder la place* » jusqu'à la restauration.

Aux origines

Né le 13 juillet 1808 à Sully (Saône-et-Loire), Patrice de Mac-Mahon, comte de Solferino, entre en 1825 à l'école militaire de Saint-Cyr. Sous-lieutenant en 1827, capitaine en 1833, il fait ses premières armes en Algérie, où il servira une vingtaine d'années. Blessé par un éclat d'obus à la poitrine en 1837, il est nommé général de brigade puis général de division malgré son opposition au coup d'État du 2 décembre de Louis-Napoléon Bonaparte. Il participe à l'expédition de Crimée, où il s'empare, pour s'y maintenir malgré les assauts russes (« *J'y suis, j'y reste* »), de la redoute de Malakoff. Cet exploit lui vaut un siège de sénateur. Nommé commandant supérieur des forces de terre et de mer le 31 août 1858, il participe à la guerre d'Italie. Maréchal de France après la victoire de Magenta (4 juin 1859), il est encerclé puis blessé à Sedan d'un éclat d'obus à la cuisse avant d'être fait prisonnier. Libéré le 15 mars 1871, à la demande d'Adolphe Thiers, il prend le commandement de l'armée versaillaise dirigée contre la Commune*.

> **Irlandaise**
> La famille Mac-Mahon tirerait ses origines, selon la tradition, de Brian Boru, roi d'Irlande (de 1002 à 1014). En 1746, elle se réfugie en France après la défaite de Charles Stuart à Culloden.

« *La monture a l'air intelligent.* » Légende d'une caricature d'époque.

Le parcours politique

Légitimiste, le maréchal de Mac-Mahon a servi successivement et loyalement la monarchie

apprentissage républicain   présidence interrompue   République de la province de Juillet, la République, l'Empire et le gouvernement de Thiers. C'est d'ailleurs à ce dernier qu'il succède à la présidence de la République le 24 mai 1873 : il est élu par 390 voix sur 771 (toute la gauche s'abstenant).

La présidence : la naissance du septennat et de la IIIe République

Il confie au duc Albert de Broglie la formation d'un ministère auquel il assigne pour tâche « *le rétablissement de l'ordre moral dans notre pays* ». S'ensuit une vaste épuration de l'administration et une active réaction religieuse. En novembre 1873, les monarchistes font proroger pour sept ans les pouvoirs du maréchal, avec le titre de président de la République, pour « *garder la place* » jusqu'à ce que la restauration soit réalisée avec les Orléans. Ainsi naissait, pour des raisons accidentelles, le septennat présidentiel en France. Le 30 janvier 1875, l'amendement Wallon, ainsi formulé : « *Le président de la République est élu par le Sénat et la Chambre* », est voté à une voix de majorité ; la présidence n'est donc plus personnelle et intérimaire, mais institutionnelle : la IIIe République est issue « *du mariage de raison conclu entre des républicains modérés et des royalistes résignés* » (Pr Guy Antonetti). Deux ans plus tard, la crise du 16 mai 1877, suivie de la dissolution de la Chambre des députés et de la fameuse adresse de Léon Gambetta (1838-1882) à Mac-Mahon : « *Il faudra se soumettre ou se démettre* », conduit le président à se soumettre d'abord, en rappelant Jules Armand Dufaure (1798-1881), à se démettre ensuite, le 30 janvier 1879, en refusant de signer une série de décrets portant sur la cessation de fonctions d'un certain nombre de généraux trop marqués par leurs opinions monarchistes. Il meurt au château de La Forêt (Loiret) le 8 octobre 1893.

L'après-Mac-Mahon fera du président de la République un arbitre neutre politiquement, qui n'osera plus jamais se servir, de 1879 à 1940, du droit de dissolution.

Les mots de Mac-Mahon

À Toulouse, après l'inondation de 1875 due à la crue de la Garonne : « *Que d'eau, que d'eau !* »

« *La fièvre typhoïde, je sais ce que c'est. Je l'ai eue. On en meurt ou on en reste idiot.* »

Thiers à Mac-Mahon

« *La présidence est un enfer, et vous, mon cher maréchal, n'y entrez pas. Aujourd'hui, le pouvoir est un guêpier.* »

Mac-Mahon devait faciliter le retour de la monarchie. Il ne fit qu'accélérer l'implantation d'une République jusque-là fragile. Sa défaite face à Gambetta confina dès lors la fonction présidentielle dans un rôle d'arbitre, et non d'acteur engagé.

Jules Grévy
(du 30 janvier 1879 au 2 décembre 1887)

Premier président de la « République opportuniste », il fut aussi le premier à être réélu pour un deuxième mandat, qu'il dut interrompre après le « scandale des décorations ».

Patronyme

Selon Michel Sementery (*Les Présidents de la République française et leur famille*, 1982), l'origine du patronyme Grévy est une déformation du mot patois franc-comtois « grevelle » désignant les résidus du battage, ce qui infirme la rumeur qui en faisait le descendant d'un valet de ferme italien nommé Grevi.

Les résidus du battage

infirmer

emeuter

s'emparer

Aux origines

Né le 15 août 1807 à Mont-sous-Vaudrey (Jura), Jules Grévy poursuit ses études au collège de Poligny, puis à la faculté de droit de Paris. Devenu avocat en 1838, il plaidera notamment contre le système des candidatures officielles mis en place par le pouvoir monarchique.

Le parcours républicain

Dès 1830, il participe aux « Trois Glorieuses » (émeute parisienne des 27, 28, 29 juillet 1830) et s'empare avec un groupe d'insurgés de la caserne Babylone. Commissaire de la République du Jura, il est élu, en avril 1848, à l'Assemblée nationale constituante. Siégeant à gauche, il voit rejeté son amendement de la nouvelle Constitution (il s'opposait à l'élection d'un président de la République au suffrage universel et préférait une Assemblée élue par le peuple, déléguant sa souveraineté à un président du Conseil* responsable devant elle). Abandonnant la politique pour le barreau à la suite du coup d'État du 2 décembre, il est élu député du corps législatif en 1868 et fait partie de l'opposition républicaine. Réélu en février 1871, il préside l'Assemblée nationale jusqu'en 1873. Malgré son opposition à deux des lois constitutionnelles de 1875 (il vote contre celle relative à l'organisation du Sénat et s'abstient pour celle relative

> **Hymne à Grévy**
> *« Il a sauvé not' sainte République,*
> *Allons, Français,*
> *n'ayons tous*
> *qu'un seul cri*
> *Pour acclamer Grévy,*
> *le Jurassique,*
> *Français, crions :*
> *Vive Jules Grévy ! »*
> Marc Nub,
> *Les Nouvelles Chansons du chat noir.*

apprentissage républicain | présidence interrompue | République de la province

à l'organisation des pouvoirs publics), il sera à nouveau président de la Chambre des députés de 1876 à 1879.

La présidence

Le jour même de la démission de Mac-Mahon (30 janvier 1879), les députés et les sénateurs se réunissent à Versailles en Assemblée nationale et portent Jules Grévy à la présidence de la République (élu par 563 voix sur 713 votants). Léon Gambetta le remplace à la Chambre des députés. Dès le début du septennat, il prend quelques décisions symboliques : transfert des Chambres à Paris, choix de *La Marseillaise* comme hymne national (1879), adoption du 14 juillet comme jour de la fête nationale (« *acte de combat républicain et non de réconciliation nationale* », souligne le Pr Guy Antonetti) et amnistie des communards (1880). La présidence de Jules Grévy est essentiellement marquée par la personnalité de Jules Ferry (1832-1893), l'anticléricalisme, le libéralisme politique et la relance économique. Réélu en 1885, le président Grévy est contraint à la démission un 2 décembre (paradoxe de l'Histoire…) à la suite d'un scandale politique – son gendre, le député Daniel Wilson (1840-1919) se livrait au trafic de décorations – qui éclabousse le régime et contribuera, avec l'instabilité ministérielle, la dépression économique et le nationalisme revanchard, à la crise boulangiste. Revenu à la vie privée, l'ancien président partage son temps entre son appartement parisien, avenue d'Iéna, et sa propriété de Mont-sous-Vaudrey, où il s'éteint le 9 septembre 1891.

Le mot qui court à propos du scandale Wilson : « *Jadis, on était décoré et content. Aujourd'hui, on est décoré au comptant.* »

Contraint par la classe politique républicaine à une pratique présidentielle minimaliste par rapport aux pouvoirs importants que la Constitution de la IIIe République donnait au chef de l'État, Jules Grévy donna son patronyme à cette nouvelle pratique de la Constitution (la « Constitution Grévy* »).

timide renaissance | monarchie républicaine | approfondir

Marie François Sadi Carnot, dit Sadi Carnot

(du 3 décembre 1887 au 22 juin 1894)

Issu d'une grande lignée républicaine, il contribue à surmonter les crises, à consolider le régime républicain, avant d'être le premier président assassiné.

Aux origines

Né le 11 août 1837 à Limoges (Haute-Vienne), Sadi Carnot est le petit-fils de Lazare Carnot (1753-1823), dit « le grand Carnot », l'organisateur de la victoire, membre du Directoire puis ministre de la Guerre, et le fils d'Hippolyte (fils cadet de Lazare), député de Paris en 1839, 1842, 1846 et ministre de l'Instruction publique en 1848.

Après de brillantes études secondaires, Sadi Carnot entre à l'École polytechnique en 1857, puis à l'École des ponts et chaussées, dont il sort major en 1863. Nommé ingénieur à Paris, puis à Annecy, il fait exécuter d'importants travaux en Haute-Savoie. Après le 4 septembre 1870, il présente au Gouvernement de la défense nationale un dispositif de mitrailleuses qu'il a inventé. Le 10 janvier 1871, Léon Gambetta, ministre de l'Intérieur, le nomme préfet de la Seine-Inférieure. Après avoir dessiné les fortifications provisoires du Havre, il démissionne de ses hautes fonctions administratives pour se lancer, tradition familiale et républicaine oblige, en politique.

Le parcours politique

Élu représentant à l'Assemblée nationale du département de la Côte-d'Or, du 13 février 1871 au 30 décembre 1875, il vote pour le retour des pouvoirs publics à Paris, contre l'abrogation des lois d'exil concernant les princes de la maison des Bourbons, contre la nomination des maires par le pouvoir exécutif et pour les lois constitutionnelles de 1875. Réélu député en 1876, il figure parmi les fameux « 363 » qui votèrent l'ordre du jour de défiance à l'égard du gouvernement

Déclaration lors des élections législatives de 1881

« La démocratie française compte sur un avenir de progrès. Elle veut des réformes dans l'ordre judiciaire et politique, dans l'ordre économique et commercial, dans l'ordre militaire et financier. [...] Nous voulons défendre avec résolution les droits de la société civile contre toute invasion du cléricalisme. »

apprentissage républicain | présidence interrompue | République de la province

de Broglie. Il est nommé sous-secrétaire d'État aux Travaux publics du 4 février 1879 au 19 septembre 1880, puis ministre des Travaux publics du 25 septembre 1880 au 10 novembre 1881 (dans le premier ministère Ferry), enfin ministre des Finances du 6 août 1885 au 3 décembre 1886.

« *Votons pour Carnot, c'est le plus bête, mais il porte un nom républicain !* »
Georges Clemenceau

La présidence

À la suite de la démission du président Grévy, le Congrès écarte Jules Ferry, qui a trop de personnalité, au profit d'un homme effacé, jouissant d'une grande réputation d'intégrité et d'un nom républicain illustre. Soutenu par Georges Clemenceau (1841-1929) et malgré le maintien de la candidature Ferry (au premier tour), Sadi Carnot est élu au second tour de scrutin. Grand voyageur, il se déplace dans 73 villes ; aménageur, il fait construire à l'Élysée une grande salle des fêtes le long de l'avenue Marigny et installer l'électricité. Il surmontera, avec dix ministères successifs, toute une série de crises : la crise boulangiste*, le scandale de Panama* et enfin la crise anarchiste.

Banquet républicain

C'est sous ce septennat de Carnot qu'a lieu le premier banquet des maires de France et que Mme Carnot inaugure l'arbre de Noël de l'Élysée.

Celle-ci coûta la vie au président Sadi Carnot, assassiné par Sante Jeronimo Caserio, à Lyon, le 24 juin 1894, à l'impératrice d'Autriche Élisabeth en 1898, au roi d'Italie Humbert Ier en 1900, au président américain William McKinley en 1901. Après des funérailles nationales, le 2 juillet 1894, il sera inhumé au Panthéon aux côtés de son aïeul Lazare, qui y reposait depuis cinq ans.

Petit-fils du grand Lazare Carnot, ce cinquième président de la République inaugura une vraie politique de communication faite de présence sur le terrain par des voyages et de fraternité républicaine autour des banquets élyséens.

Jean Casimir-Perier
(du 27 juin 1894 au 16 janvier 1895)

Petit-fils du président du Conseil de Louis-Philippe, fils du ministre de l'Intérieur d'Adolphe Thiers, il ne conduira sa présidence conservatrice que pendant six mois, préférant se démettre que se soumettre à l'« absolutisme » parlementaire.

Aux origines

Jean Casimir-Perier naît le 8 novembre 1847 à Paris. Après de brillantes études au lycée Bonaparte, il passe avec succès ses licences en droit et en lettres. Capitaine pendant la guerre de 1870, ses hauts faits d'armes au cours du siège de Paris lui valent une citation à l'ordre de l'armée et son élévation au grade de chevalier de la Légion d'honneur.

Le parcours républicain

C'est aux côtés de son père, Auguste Perier, ministre de l'Intérieur de Thiers, que Jean Casimir-Perier débute sa carrière politique. Élu Conseiller général de Nogent-sur-Seine en juillet 1873, il devient député en 1876. Siégeant au centre gauche, il figure parmi les 363 qui refusent leur confiance au duc Albert de Broglie. Réélu en 1881 et 1883, il démissionne le 1er février après le vote de la loi enlevant aux princes d'Orléans leur grade dans l'armée, « ne pouvant concilier [ses] devoirs de famille avec la conduite que lui dictent [sa] conscience et [ses] convictions républicaines ». Vice-président de la Chambre

La démission

Elle est expliquée par ce message au Parlement (16 janvier 1895) :
« Le respect et l'ambition que j'ai pour mon pays ne me permettent pas d'admettre qu'on puisse insulter chaque jour les meilleurs serviteurs de la patrie et celui qui la représente aux yeux de l'étranger. Je ne me résigne pas à comparer le poids des responsabilités morales qui pèsent sur moi et l'impuissance à laquelle je suis condamné. »

DÉMISSION

apprentissage républicain | présidence interrompue | République de la provin des députés en 1885, président de la commission du Budget en 1891-1892-1893, puis président de la Chambre en 1893 et 1894, il conduit en même temps une carrière ministérielle qui le mènera du sous-secrétariat d'État à l'Instruction publique, aux Beaux-Arts et aux Cultes (1877-1879), au sous-secrétariat d'État à la guerre (1883-1885), et enfin à la présidence du Conseil*, qu'il cumulera avec le portefeuille des Affaires étrangères. Parmi ses actions notables figurent la création du ministère des Colonies, la répression des menées anarchistes et son opposition à la révision de la Constitution de la IIIe République ainsi qu'à la séparation de l'Église et de l'État.

Le jugement de Jean Jaurès

« *Il appartient à un milieu social, à une famille où est en honneur la tradition larmoyante et hautaine du despotisme bourgeois.* »

La présidence la plus courte de l'histoire républicaine

Pressenti par Sadi Carnot, son prédécesseur, Jean Casimir-Perier est élu le 27 juin 1894 dès le premier tour de scrutin, face notamment à l'ancien président du Conseil Henri Brisson. « *Excédé par une campagne de presse d'extrême gauche stigmatisant en lui l'homme du monde lié aux vieilles fortunes bourgeoises, doté d'un tempérament personnel autoritaire* » (Pr Maurice Agulhon), Casimir-Perier se sentit d'autant plus impuissant et désarmé que le droit de dissolution, pourtant inscrit dans la Constitution, était considéré depuis son utilisation par Mac-Mahon comme une atteinte aux droits de l'Assemblée ; il se résigna à démissionner après un peu plus de six mois de cohabitation conflictuelle avec le Parlement. Victime de sa volonté de présider concrètement et non d'« *inaugurer les chrysanthèmes* », mais aussi de la radicalisation des luttes sociales en cette fin de XIXe siècle (les pamphlétaires le surnommaient « *l'homme aux quarante millions* » ou « *Casimir-Perier d'Anzin* », parce qu'actionnaire majoritaire des mines d'Anzin), il décline en 1899 l'offre du président Émile Loubet (1838-1929) de constituer un ministère, dont Pierre Waldeck-Rousseau (1846-1904) sera chargé. Il meurt le 11 mars 1907.

Le caractère entier du petit-fils d'un des présidents du Conseil de Louis-Philippe devait le conduire à une cohabitation conflictuelle avec le Parlement qui se termina par sa démission après seulement six mois à la présidence de la République.

Félix Faure
(du 17 janvier 1895 au 16 février 1899)

Disciple de Léon Gambetta, issu des « *couches sociales nouvelles* », il laissa la politique aux présidents du Conseil tout en assumant, dans un style flamboyant, ses fonctions de représentation.

Aux origines

Né le 30 janvier 1841 à Paris, il est immédiatement écarté de sa mère tuberculeuse pour être confié à ses grands-parents maternels à Beauvais (Oise), où il fait ses premières études. À 14 ans, il suit les cours de commerce de l'école professionnelle d'Ivry, puis part en Grande-Bretagne effectuer des stages (il sera d'ailleurs l'un des rares présidents de la République de notre histoire à parler couramment l'anglais). C'est à Paris puis à Amboise (Indre-et-Loire) qu'il achève sa formation comme apprenti tanneur. En 1865, il s'établit à son compte au Havre (Seine-Inférieure), où il deviendra plus tard, après sa belle conduite pendant la guerre de 1870 (il sera décoré de la Légion d'honneur), président de la chambre de commerce du Havre et juge au tribunal de commerce.

Le parcours républicain

Adjoint au maire du Havre de 1870 à 1873, il est révoqué en 1874, parce que républicain, par le ministère de Broglie. Échouant aux élections législatives de 1876, il est élu en 1881 député de la Seine-Inférieure et réélu en 1885, 1889 et 1893. Bien qu'il intervienne peu à la tribune, il est l'un des personnages qui comptent à la Chambre des députés : il occupe en effet successivement les postes clés de la présidence de la commission du Budget (1890) puis de la vice-présidence (1893-1894). Il connaît aussi une carrière ministérielle en étant titulaire de plusieurs portefeuilles entre 1881 et 1895 : sous-secrétaire d'État au Commerce et aux Colonies en 1881, sous-secrétaire d'État à la Marine et aux Colonies en 1883 et 1887. Il est aussi ministre de la Marine de 1894 au 16 janvier 1895, jour de la démission du président Casimir-Perier.

Un président franc-maçon

Félix Faure a été initié au grade d'apprenti à la loge « Aménité » du Havre en 1865. Maître à partir de 1869, il estime toutefois, à l'instar de Gambetta, que l'anticléricalisme ne doit pas être exporté aux colonies.

apprentissage républicain

présidence interrompue

République de la province

Le président des voyages et des inaugurations

Il est élu président au deuxième tour par 430 voix contre 361 à Henri Brisson et se consacre surtout à sa « *tâche de représentation avec un zèle et un goût du faste bien accordés au climat du moment* » (Pr Maurice Agulhon), à tel point qu'il est surnommé le « Président-Soleil ». Il illustrera parfaitement l'esprit de la « Constitution Grévy* », affaiblissant encore plus l'autorité présidentielle en étant le premier à étendre ses « consultations » traditionnelles non seulement aux présidents des deux chambres, aux vice-présidents, aux présidents et aux rapporteurs des commissions du Budget, mais également à d'autres notabilités parlementaires, en particulier aux présidents des groupes. Comme Sadi Carnot, il a été un grand voyageur (en 81 jours, il visite plus de 61 villes) et un grand « inaugurateur » de monuments patriotiques. La soudaineté de sa mort et la présence concomitante de sa maîtresse, Mme Steinhell, ont donné lieu à moult spéculations, qui, ajoutées à l'affaiblissement de la fonction présidentielle à laquelle il contribua, ont suscité des jugements peu nuancés : selon le futur président Alexandre Millerand (1859-1943), « *ce pauvre sire n'est pas un président, c'est un figurant* ». Le directeur de *L'Aurore* déclarait : « *En entrant dans le néant, il a dû se sentir chez lui.* » Georges Clemenceau affirmait à propos de sa mort : « *Cela ne fait pas un homme de moins en France.* »

> **Une fin... mouvementée**
> Bien qu'il fût officiellement décédé d'une hémorragie cérébrale, sa renommée de grand amateur de femmes et la présence au moment de sa mort de l'une de ses maîtresses, Mme Steinhell, suscitèrent chansons et autres brocards du style : « *Est-ce qu'il a toujours sa connaissance ? – Non, elle est partie dans l'escalier* », « *Il voulut être César, mais il ne fut que Pompée* » et sa compagne d'infortune... « *la pompe funèbre* » !

> Sa mort brutale à l'Élysée, dans les bras de sa maîtresse, en fit, pour toute l'histoire républicaine, un président sympathique et « bien français », au point d'ailleurs d'affaiblir, une fois de plus, la fonction présidentielle, déjà pourtant très caricaturée.

Émile Loubet
(du 18 février 1899 au 18 février 1906)

Incarnation idéale du président de la IIIe République, c'est un républicain solide et socialement modéré, le président de la « révolution dreyfusienne » et de la République radicale.

Aux origines

Né le 30 décembre 1838 à Marsanne (Drôme), dont son père Augustin fut maire, Émile Loubet obtient, à Paris, sa licence en 1860 et son doctorat en droit en 1863, avec une thèse de droit romain sur le pacte commissoire et une thèse de droit français intitulée *Du privilège, de la revendication et de la résolution de la vente des meubles*. Il est admis au stage des avocats de la cour de Paris le 8 avril 1862 et s'inscrit le 2 avril 1865 au barreau de Montélimar (Drôme). Très vite, il va devenir l'un des personnages emblématiques de la « République des avocats ».

Le parcours républicain

D'abord conseiller municipal et général de Grignan et Marsanne, il devient maire de Grignan, puis de Montélimar le 29 septembre 1870. Il conservera d'ailleurs ce mandat jusqu'à son élection à la présidence de la République (sauf six mois en 1877, où il fut révoqué par le ministère de Broglie en raison de ses opinions républicaines). Il est élu député en 1876, réélu en 1877 et 1881. Le 25 janvier 1885, il est élu au Sénat. Il est nommé ministre des Travaux publics (1887-1888), avant que le président de la République Sadi Carnot ne fasse appel à lui pour la présidence du Conseil* (poste qu'il cumule avec le portefeuille de l'Intérieur) du 27 février au 6 décembre 1892. Une période pendant laquelle il doit faire face à des élections municipales passionnées, aux attentats de Ravachol, à la célébration du centenaire de la proclamation de la République de 1792, à la fameuse grève de Carmaux (Tarn) et au scandale de Panama*, qui provoquera d'ailleurs

apprentissage républicain | présidence interrompue | République de la province

sa chute. Il n'en resta pas moins au gouvernement comme ministre de l'Intérieur jusqu'au 11 janvier 1893. Réélu au Sénat en 1894, il en devient le président en 1896, avant d'être le septième président de la IIIe République – il est élu au premier tour face à Jules Méline (1838-1929) et Paul Deschanel (1855-1922).

La présidence

Sa présidence de la République n'est pas plus calme que sa présidence du Conseil : le soir même de son élection, la Ligue des patriotes, Paul Déroulède (1846-1914) et Édouard Drumont (1844-1917) en tête, organise une manifestation contre le nouveau président ; il est aussi injurié et frappé au champ de courses d'Auteuil par le baron Ferdinand Christiani, puis victime d'une manifestation organisée par les socialistes qui entraîne la chute du ministre Charles Dupuy (1851-1923) en 1899. Mais le septennat gouvernemental est relativement stable, avec quatre présidents du Conseil (Dupuy, Waldeck-Rousseau, Combes, Rouvier), malgré l'agitation de l'affaire Dreyfus*, la rupture avec le Saint-Siège, la loi de séparation de l'Église et de l'Etat, l'agitation nationaliste avec Paul Déroulède et les rodomontades de Guillaume II (1859-1941), qui voulait obtenir le départ de Théophile Delcassé (1852-1923) du Quai d'Orsay. Après avoir commencé à édifier

la fameuse « Entente cordiale », il repart pour sa Drôme natale, où, sans jamais prendre publiquement parti, il termine sa vie dans sa propriété rurale, où il meurt le 20 décembre 1929, à 91 ans. On peut noter qu'il a été le premier président à terminer normalement son mandat : sur ses sept prédécesseurs, deux sont décédés dans l'exercice de leurs fonctions, un est devenu empereur et quatre ont démissionné.

Trois « présidents » dans un même ministère

Deux autres futurs présidents de la République sont ministres dans le cabinet « Tirard », où Émile Loubet sera lui-même ministre des Travaux publics : Armand Fallières à la Justice et Félix Faure à la Marine.

Dernier président du XIXe siècle, il incarne à sa manière la « Belle Époque » et la République radicale dans les six premières années du XXe siècle.

Armand Fallières

(du 18 janvier 1906 au 17 janvier 1913)

Incarnation idéale de la République de la province et de la Belle Époque, ce deuxième président de la « République radicale » est le premier Gascon au pouvoir depuis... Henri IV.

Aux origines

Né le 6 novembre 1841 à Mézin (Lot-et-Garonne), Armand Fallières « fait son droit » à Paris. Étudiant républicain, il jure lors d'une soirée au quartier Latin qu'il abattra l'Empire et dressera sa fortune politique sur les ruines du régime abhorré. Après avoir soutenu sa thèse sur *Les Privilèges des immeubles*, il s'inscrit au barreau de Nérac, où il défend notamment des jeunes qui avaient chanté *La Marseillaise*.

Le parcours politique

Conseiller municipal puis maire et conseiller général de Nérac, il est révoqué par le gouvernement de Broglie pour ses opinions républicaines (1877). Retrouvant ses fonctions en 1878, il restera conseiller général jusqu'en 1886 et président du conseil général de 1883 à 1886. Élu député du Lot-et-Garonne en 1876, face à un candidat bonapartiste, il figure parmi les 363 députés qui refuseront leur confiance au gouvernement de Broglie en 1877. Constamment réélu jusqu'en 1890, année où il devient sénateur, Armand Fallières échoue de peu (4 voix) à la présidence de la Chambre des députés en 1885. Il siège au groupe de la gauche républicaine et connaît une carrière ministérielle particulièrement riche : successivement titulaire des portefeuilles de l'Intérieur, des Cultes, des Affaires étrangères, de l'Instruction publique, des Beaux-Arts, de la Justice, il est nommé président du Conseil* du 29 janvier au 21 février 1883. Il succède à Émile Loubet à la présidence du Sénat avant d'en faire de même à la présidence de la République, le 18 janvier 1906, en étant élu au premier tour de scrutin par

apprentissage républicain | présidence interrompue | République de la province

449 voix contre 371 à Paul Doumer (1857-1932), président de la Chambre des députés. Les radicaux et Georges Clemenceau avaient préféré cet homme modéré et peu enclin à la personnalisation du pouvoir au radical Paul Doumer, auquel ils reprochaient d'avoir abandonné Émile Combes (1835-1921) et renoncé au projet d'impôt sur le revenu qu'il avait pourtant proposé.

La présidence de la Belle Époque

Armand Fallières nomma à la présidence du Conseil de fortes personnalités emblématiques de la vie politique sous la IIIᵉ République : Georges Clemenceau (le 19 octobre 1906), qui accède à cette fonction pour la première fois de sa vie à 65 ans, Aristide Briand en 1909, Joseph Caillaux en 1911, enfin Raymond Poincaré en 1912. Ce dernier ne quittera l'hôtel Matignon que pour succéder à Fallières à la présidence de la République (ne respectant pas, pour une fois, la « sacro-sainte » règle républicaine qui voulait que le chef de l'État soit issu de la présidence de la Chambre des députés ou du Sénat). Cette présidence d'avant-guerre fut marquée par la liquidation de l'affaire Dreyfus*, de nombreuses grèves et troubles sociaux, des luttes religieuses, une crise viticole dans le Midi, fortement éprouvé par le phylloxéra, la rivalité franco-allemande au Maroc et les troubles dans les Balkans. Grand lecteur de Montaigne et de Michelet, le sympathique « Moussu Fallières » s'en retourna dans ses vignes du Loupillon en 1913, où il mourut à 90 ans (en 1931).

> « Esprit fin, causeur agréable,
> Il sait tenir sa place à table :
> D'une terrine de Nérac
> S'accommode son estomac.
> Ce qu'il adore à la campagne,
> C'est une coupe de champagne
> Et surtout, en toute saison,
> Le petit vin de Loupillon... »
> **Albert de Simorre**, *Portraits de l'Agenais*, 1900.

Idéal type du président de la « République de la province », cet homme du Lot-et-Garonne sut gravir patiemment les barreaux de l'échelle républicaine pour s'imposer peu à peu à une classe politique où les « associés-rivaux » trouvèrent en lui la synthèse qu'ils cherchaient.

Raymond Poincaré

(du 17 janvier 1913 au 18 février 1920)

Président d'une République en guerre, l'académicien lorrain donna à ses fonctions une nature plus politique et marquée par le nationalisme.

Aux origines

Né à Bar-le-Duc, en 1860, dans une famille lorraine féconde en hommes de haute valeur, comme son cousin, le mathématicien de génie Henri Poincaré, et son père polytechnicien, Raymond Poincaré fut témoin à 10 ans de la défaite de 1870 : son ardent patriotisme et sa foi nationaliste y trouvent leur origine. Excellent élève, il obtient sans difficultés en 1880 ses licences de droit et de lettres : il est nommé premier secrétaire à la Conférence des avocats et son cabinet devient l'un des plus importants de Paris.

Le parcours politique

C'est la demande d'amis de sa famille (Jules Develles, député de la Meuse, ministre de l'Agriculture, lui offre le poste de chef de cabinet, qu'il occupa pendant dix-huit mois, et le fait élire conseiller général de Peyrefitte-sur-l'Ayre, dans la Meuse), plus qu'une inclination ou une passion personnelle, qui le fait entrer en politique. Député de la Meuse à 27 ans, en 1887, ce républicain par libéralisme est constamment réélu jusqu'en 1903, année où il rejoint le Sénat. Il devient ministre à plusieurs reprises dans des ministères « progressistes », avec successivement les portefeuilles de l'Instruction publique, des Beaux-Arts et des Cultes, des Finances, des Affaires étrangères. Il y acquiert une réputation d'homme rigoureux et de fin politique. Président du Conseil* depuis le 14 janvier 1912, il se présente à la présidence de la République, où il est élu grâce aux voix des parlementaires de droite, au deuxième tour, face à Gaston Pams, par 483 voix contre 296. Sa présidence est à la fois plus politique que la précédente et plus empreinte de nationalisme.

Le jugement de l'écrivain

« Belliciste ? Non. Pacifique ? Oui. Mais, en même temps, convaincu qu'un conflit avec l'Allemagne est fatal, qu'il faut s'y préparer sans relâche ; sa politique est celle d'un homme qui croit dur comme fer à la guerre en Lorraine... » Roger Martin du Gard, *Les Thibault* (1re partie : *L'Été 1914*).

---

apprentissage républicain | présidence interrompue | République de la province

La présidence

Déplorant l'amoindrissement regrettable du pouvoir exécutif, Raymond Poincaré voulait remonter le courant d'effacement relatif du président de la République depuis Mac-Mahon et Grévy. Mais le fameux « contreseing » exigé par la Constitution de la IIIe République allait en faire, selon le Pr Gordon Wright (*Raymond Poincaré and the French presidency*, 1942), « *un président influent mais jamais puissant ; un président important mais jamais dominant* ». Ainsi, durant les quatre années de guerre de son septennat, Raymond Poincaré a su utiliser au mieux ses pouvoirs constitutionnels en maintenant la séparation du civil et du militaire comme du législatif et de l'exécutif. Il a su appeler les hommes que les circonstances exigeaient : Aristide Briand (1862-1932), Louis Barthou (1862-1934), René Viviani (1863-1925) et même Georges Clemenceau, son adversaire de toujours. Son mandat expira peu après l'armistice. Il n'en arrêta pas pour autant la politique : président de la commission des Réparations, Raymond Poincaré devient à nouveau président du Conseil le 15 janvier 1922 (et décide de faire occuper la Ruhr par les troupes françaises) jusqu'en juin 1924. À nouveau nommé à ce poste par Gaston Doumergue (1863-1937), le 23 juillet 1926, et se chargeant du portefeuille des Finances, il assainit la situation financière. La maladie le contraint à la démission le 29 juillet 1929. Il meurt à Paris le 15 octobre 1934, peu après l'assassinat de son ami Barthou (par un Croate, à Marseille, alors qu'il venait accueillir le roi de Yougoslavie).

GRRR !

Président académicien

Poincaré fut le seul chef de l'État à avoir siégé en tant qu'académicien (il fut élu à l'Académie le 18 mars 1909) : le 5 février 1920, il reçut le maréchal Foch (1851-1929) sous la Coupole revêtu du symbolique habit vert.

Président des temps de guerre, Raymond Poincaré sut donner à sa fonction une densité et une force que la pratique politique traditionnelle empêchait d'habitude. Il ne fut pas loin d'appliquer enfin à la lettre les pouvoirs que lui donnait la Constitution.

Paul Deschanel
(du 18 février 1920 au 21 septembre 1920)

Préféré au « Père la Victoire » (Clemenceau), l'élégant et rassurant président ne le restera que quelques mois, contraint à la démission pour troubles mentaux.

Aux origines

Né le 13 février 1855 à Schaerbeek-les-Bruxelles, fils d'un républicain exilé sous l'Empire puis député de la Seine et professeur de littérature moderne au Collège de France, Paul Deschanel poursuit des études brillantes (treize fois lauréat du Concours général). Licencié ès lettres et en droit, il entame une carrière littéraire dès l'âge de 20 ans. De 1881 à 1885, il écrit dans de nombreux journaux sur Mme Récamier (1777-1849) et Mme Necker (1739-1794), mais aussi des articles contre les excès de la centralisation et de la tutelle administrative et pour l'accroissement des libertés locales.

Refrain de
À la lune rousse
« *Il n'a pas abîmé son pyjama, C'est épatant, mais c'est comme ça ; Il n'a pas abîmé son pyjama, Il est verni l'chef de l'État.* »

Le parcours politique

Secrétaire particulier de Gustave de Marcère, ministre de l'Intérieur dès 1876, il devient, en 1877, celui du président du Conseil* Jules Simon (1814-1896), avant d'être nommé, à 22 ans, sous-préfet de Dreux. Député d'Eure-et-Loir en 1885, il est réélu jusqu'en 1919. Il refuse non seulement les portefeuilles que lui offrent successivement Jules Méline en 1896 et Aristide Briand en 1909, mais aussi la présidence du Conseil à quatre reprises (une fois à Émile Loubet, trois fois à Raymond Poincaré) : il préfère en effet la présidence de la Chambre des députés à l'exercice du pouvoir à l'hôtel Matignon.

MONTBRISON

| apprentissage républicain | présidence interrompue | République de la province |

La présidence

Janvier 1920 : Clemenceau, toujours président du Conseil, accepte de poser sa candidature à l'Élysée pour succéder à Raymond Poincaré. Mais il se heurte à un certain nombre de critiques et de handicaps : sa dénonciation de l'inutilité de l'institution présidentielle (« *organe inutile, comme la prostate* ») ; les manœuvres de Poincaré et Briand contre lui ; son athéisme notoire, qui entraînerait un enterrement civil ; les haines et rancunes accumulées pendant une carrière politique tumultueuse ; l'hostilité des socialistes, qui le détestent. À la réunion préparatoire à l'élection, les parlementaires préfèrent au « Père la Victoire » l'élégant et rassurant Paul Deschanel, président de la nouvelle Chambre « Bloc national ». Les parlementaires avaient une fois de plus préféré la transparence d'un républicain progressiste, modéré de centre droit, à la personnalisation du pouvoir élyséen qu'aurait incarné « le Tigre », chef de guerre passionné devenu « *chef de paix plein de défauts* » (Pr Jean-Jacques Chevallier). Le nouveau président de la République n'aura pas le temps d'exercer ses fonctions. En effet, l'incident de Montargis (dans la nuit du 23 au 24 mai 1920) révèle au pays le mal dont souffre son président : Paul Deschanel tombe, en effet, du train qui le conduisait à Montbrison pour l'inauguration du monument aux morts. Il est récupéré par un poseur de voies, André Radeau, et par le garde-barrière, Gustave Dariot, dont l'épouse déclara plus tard : « *J'avais bien vu que c'était un monsieur bien, car il avait les pieds propres.* » Le chef de l'État est victime de troubles d'émotivité et d'anxiété relevant du syndrome d'Elpenor qui le conduisent, pour la première et unique fois dans l'histoire des présidents de la République, à démissionner. « *Mon état de santé* », explique-t-il dans un message au Parlement, « *ne me permet plus d'assumer les hautes fonctions dont votre confiance m'avait investi.* » Rapidement... rétabli, il est élu sénateur de l'Eure le 9 janvier 1921, écrit un article pour la *Revue de France* sur le rôle du chef de l'État et remplace Poincaré à la commission des Affaires extérieures. Il meurt le 28 avril 1922.

Un candidat sans succès...

Paul Deschanel avait pensé très tôt à se présenter à la présidence de la République : il fut en effet trois fois candidat sans succès en 1899 (10 voix recueillies), en 1906 et en 1913 (18 voix).

La médiatisation de sa chute du train, en pyjama, porta un coup d'autant plus fort à la fonction présidentielle que Paul Deschanel avait battu l'emblématique Georges Clemenceau à la présidence de la République.

Alexandre Millerand

(du 24 septembre 1920 au 11 juin 1924)

Transfuge du socialisme devenu, à la présidence, le fédérateur des droites, il est le deuxième chef de l'État, après Mac-Mahon, à devoir se démettre de ses fonctions (après la victoire du Cartel des gauches).

Aux origines

Né le 10 février 1859 à Paris, il obtient sa licence en droit et, à moins de 23 ans, s'inscrit au barreau de Paris. Avocat des syndicats, il se spécialise peu à peu dans la défense des intérêts des grosses affaires industrielles et financières de la place, au point de faire de son cabinet l'un des plus importants de Paris.

Le parcours politique

Conseiller municipal de Paris à 25 ans, sur un programme radical-socialiste, il est élu député de la Seine en 1885. Il dirige différents journaux (*La Justice, La Voix, La Petite République française*). Son attirance pour les doctrines socialiste et marxiste s'affirme après les incidents dramatiques de Fourmies (1er mai 1891) : il défendit d'ailleurs Paul Lafargue (1842-1911), le gendre de Karl Marx, accusé de provocation à l'émeute. Élu député socialiste en 1893, Alexandre Millerand contribue, par ses attaques virulentes, à la démission du président Casimir-Perier et propose un programme aux socialistes (substitution nécessaire et progressive de la propriété sociale à la propriété capitaliste). Réélu jusqu'en 1920, Millerand reçoit le portefeuille du Commerce dans le ministère de « défense républicaine » de Waldeck-Rousseau

apprentissage républicain | présidence interrompue | République de la province

de 1899 à 1902 : il laisse sa marque par de nombreuses initiatives dans le domaine social et en faisant progresser le droit du travail, encore balbutiant. Ministre des Travaux publics (1909-1910) puis de la Guerre (1912-1913 et 1914-1915), il défend le maréchal Joseph Joffre (1852-1931), commandant en chef des armées françaises jusqu'en 1916, contre les attaques des parlementaires. Il est chargé en 1918 d'administrer les provinces recouvrées d'Alsace et de Lorraine, avant de devenir, le 20 janvier 1920, président du Conseil*.

La présidence

Alexandre Millerand se fait élire à la présidence de la République en tant que fédérateur des droites, après avoir été un socialiste révolutionnaire. Favorable à l'élargissement des pouvoirs présidentiels, il le manifeste clairement à de multiples reprises, en particulier par le choix d'un chef de gouvernement à sa botte (Georges Leygues, 1857-1933) et le soutien du cabinet Poincaré, pourtant renversé par la Chambre. Son interprétation présidentialiste de la Constitution le pousse à s'engager personnellement dans la bataille électorale le 14 octobre 1923 : il suggère un renforcement des pouvoirs du président de la République. Accusé par le Cartel des gauches* d'avoir manqué à son « devoir de réserve », il est sommé de se démettre. Pour l'y obliger, en violation de la Constitution, le Cartel pratique la « grève des Premiers ministres » : aucun membre du Cartel n'accepte de cohabiter avec lui. Pour ne pas renoncer aux prérogatives de ses fonctions, il démissionne : « *La majorité de gauche a contraint à la démission le chef de l'État et leader de la droite* » (Pr Marie-Anne Cohendet). Élu sénateur de la Seine en 1925 et de l'Orne en 1927, Millerand dénonce constamment le danger que fait courir à la paix la politique de l'Allemagne, soulignant en 1934-1935 que « Mein Kampf *sue la haine de la France et l'appétit de la guerre* ». Absent le 10 juillet 1940, il ne prend pas part au vote de l'Assemblée nationale sur les pleins pouvoirs demandés par Philippe Pétain (1856-1951) et s'éteint à Versailles le 6 avril 1943.

« Pour la première fois depuis Mac-Mahon, l'hôte de l'Elysée rompit avec la tradition d'une éloquence présidentielle anodine pour jeter tout le poids de ses fonctions dans la balance des partis. »
Adrien Dansette, Histoire des présidents de la République.

Premier chef de l'Etat depuis la « Constitution Grévy* » à vouloir politiquement et constitution-nellement renforcer les pouvoirs du président de la République, Alexandre Millerand fut emporté par le « parlementarisme absolu » de la IIIᵉ République.

Gaston Doumergue
(du 13 juin 1924 au 13 juin 1931)

Président populaire
à l'« *autorité gracieuse* »,
le « sage de Tournefeuille »
sut imposer à la classe politique
l'autorité de sa fonction sans subir
le sort de son prédécesseur.

Aux origines

Né le 1er août 1863 à Aigues-Vives (Gard) dans une vieille famille terrienne languedocienne, protestante et républicaine, Gaston Doumergue, licencié en droit, s'inscrit en 1885 au barreau de Nîmes après avoir soutenu son doctorat en droit. En 1890, il entre dans la magistrature coloniale comme substitut à Hanoi (Indochine), puis juge de paix à Alger. Il sollicite un congé en métropole, sous le faux prétexte d'une candidature au poste laissé vacant par la disparition d'un député, où sa mère l'oblige à se présenter. Il est ainsi élu à 30 ans, en 1893, député de la deuxième circonscription de Nîmes contre Maruejouls, le maire de la ville.

Le parcours politique

Réélu en 1898, puis en 1902, jusqu'au 8 avril 1910, année où il devient sénateur du Gard (jusqu'au 13 juin 1924) Gaston Doumergue connaît une belle carrière ministérielle, puisqu'il est successivement chargé des portefeuilles du Commerce, de l'Industrie et du Travail (1906), de l'Instruction publique (1906-1909), du Commerce à nouveau (1909-1910), avant de devenir président du Conseil* du 9 décembre 1913 au 2 juin 1914. Il sera à nouveau ministre des Colonies du 26 août 1914 au 17 mars 1917, avant d'être élu à la présidence du Sénat du 22 février 1923 au 13 juin 1924. Gaston Doumergue laisse soutenir sa candidature à la présidence de la République par les adversaires du Cartel des gauches*, dont le candidat est Paul Painlevé (1863-1933). Sa victoire, le 13 juin 1924, traduit un sérieux échec pour le Cartel : « *C'est une victoire de l'esprit national sur l'esprit de parti* » (*Le Temps*, 15 juin 1924).

apprentissage républicain | présidence interrompue | République de la province

La présidence

Son septennat connaît plusieurs phases :
un cabinet radical-socialiste avec
Édouard Herriot (1872-1957) jusqu'en avril 1925 ; les cinq cabinets
dominés par la question financière (deux sous la direction
de Paul Painlevé, trois sous
celle d'Aristide Briand) ;
l'Union nationale de 1926
à 1928, sous l'égide
de Raymond Poincaré
(où l'on retrouve tous
les présidents du Conseil
depuis 1920 – Georges Leygues,
Aristide Briand, Édouard Herriot, Paul
Painlevé – et Louis Barthou, président du Conseil
en 1913) ; enfin, neuf ministères dominés par la figure
combative d'André Tardieu (1876-1945). Ainsi,
sur fond d'instabilité ministérielle, le balancier
politique passe, grâce au ralliement des radicaux
à la droite, du Cartel des gauches au centre droit.
Gaston Doumergue saura faire valoir ses idées
sans s'imposer, soucieux de ne pas laisser amoindrir
la puissance militaire de la France et méfiant à l'égard
de la montée en puissance du parti hitlérien. Quittant
l'Élysée le 13 juin 1931, il se retire dans la banlieue
toulousaine, dans la petite commune de Tournefeuille,
qui lui vaudra, après celui de « Gastounet », son autre
surnom de « sage de Tournefeuille ». Après les émeutes
du 6 février 1934 – comme Raymond Poincaré avant
lui –, il acceptera de constituer, le 9 février, un ministère d'« union nationale » avec Tardieu, Herriot,
Barthou et le maréchal Pétain à la Guerre. Il inaugure,
le 24 avril 1934, les « causeries familiales », discours
radiodiffusés qui préconisent le renforcement
de l'exécutif et la limitation des pouvoirs
du Parlement en matière de dépenses. En novembre
1934, la défection des radicaux entraîne la démission
de son ministère. Il meurt le 18 juin 1937 à Aigues-Vives, dans la petite chambre où il était né.

> Fin politique, capable de susciter l'harmonie en appelant successivement à la présidence du Conseil les leaders des différents courants politiques du moment, le « sage de Tournefeuille » s'imposa à la présidence de la République comme à celle du Conseil comme un grand « républicain de gouvernement ».

timide renaissance | monarchie républicaine | approfondir

Paul Doumer
(du 13 juin 1931 au 6 mai 1932)

Deuxième président assassiné après Sadi Carnot, cet ancien président de la Chambre des députés et du Sénat est un « *symbole nationaliste par la grâce funèbre de ses trois fils morts à la guerre* ».

Aux origines

Né le 22 mars 1857 à Aurillac (Cantal), fils d'un poseur de rails à la compagnie Paris-Orléans, il est placé comme coursier puis comme ouvrier graveur dans une fabrique de médailles après avoir obtenu son certificat d'études primaires. De tous les présidents, Paul Doumer est celui qui a eu les origines les plus modestes. Grâce aux cours du soir, il obtient son baccalauréat en 1876 et s'oriente vers l'enseignement. Après avoir obtenu une licence de mathématiques et une licence en droit, il est nommé professeur de mathématiques à Mende (Lozère) puis au collège de Remiremont (Vosges). Encouragé par son beau-père – l'historien Louis-Henri Martin (1810-1883), sénateur de l'Aisne –, il entre à la rédaction du *Courrier de l'Aisne* puis de *La Tribune de l'Aisne*. La conjonction des influences de ses beaux-parents et de son experience, comme son engagement maçonnique, allaient le conduire à entrer en politique.

Après son élection, les chansonniers...

« *Nous avions monsieur Doumergue Nous avons monsieur Doumer, Et tout le monde s'écrie : Ah mergue... Si chaque fois on en perd Un tout petit bout, Un tout petit bout, Le prochain se nommera Monsieur Dou, Puis nous n'aurons plus rien du tout.* »

Le parcours politique

Élu député de la deuxième circonscription de Laon (Aisne) le 8 avril 1888, il siège sur les bancs de la gauche radicale. Battu en 1889, il est élu député de l'Yonne en 1891 et réélu en 1893. Il reviendra à Laon en 1902... avant d'être élu sénateur de la Corse le 7 janvier 1912. À ce nomadisme électoral semble correspondre un nomadisme des fonctions tout aussi surprenant

apprentissage républicain | présidence interrompue | République de la province

et couronné de succès : ministre des Finances du gouvernement Bourgeois, il devient gouverneur général de l'Indochine de décembre 1896 à 1902. Président de la Chambre des députés de 1905 à 1910, il joue un rôle important auprès du général Joseph Gallieni (1849-1916) comme directeur de son cabinet civil. Membre du Comité de guerre de Paul Painlevé en 1917, il est ministre des finances de 1921 à 1922 avant d'être élu président du Sénat de 1927 à 1931, fonctions qui, comme pour nombre de ses prédécesseurs, constituent le meilleur des tremplins pour la présidence de la République, qu'il guigne depuis l'échec de sa candidature face à Armand Fallières, en 1906.

La présidence

À la fin du septennat Doumergue, Aristide Briand, comme Georges Clemenceau en 1920, se laisse tenter par la magistrature suprême et brigue la présidence de la République. Mais âgé, malade, soutenu par Léon Blum (1872-1950), combattu par Pierre Laval (1883-1945), André Tardieu et Gaston Doumergue, le président sortant, mais aussi par des amis de Clemenceau qui ne lui pardonnent pas d'avoir torpillé sa candidature en 1919 et par ceux qui lui reprochaient sa politique étrangère, Briand est battu par Paul Doumer au premier tour de scrutin. Malgré la candidature du sénateur du Lot-et-Garonne Pierre Marraud (ministre de l'Instruction publique et des Beaux-Arts dans les cabinets Poincaré, Briand et Tardieu), suscitée par les amis de Briand, Paul Doumer est élu président de la République au deuxième tour de scrutin... Élu un 13, il est le treizième président de la IIIᵉ République, et dit en plaisantant à un de ses collaborateurs en roulant vers l'Élysée : « *Avec des chiffres pareils, je ne peux être qu'assassiné...* » Le 6 mai 1932, alors qu'il visite le salon des écrivains anciens combattants, il est grièvement blessé par un émigré russe, Paul Gorgulov (qui voulait forcer la France à déclarer la guerre à la Russie). Il mourra le 7 mai et sera enterré au cimetière de Vaugirard, auprès de ses trois fils « morts pour la France ».

Un condamné à mort gracié...

La veille de l'exécution d'un condamné à mort dont la grâce avait été refusée, Paul Doumer fut assassiné. Mme Doumer s'opposa à l'exécution du condamné, qui bénéficia de la tradition républicaine de la grâce instituée après toute élection présidentielle.

Son destin tragique empêcha Paul Doumer de montrer ses qualités de gouvernant. Il restera dans l'histoire républicaine comme l'incarnation élyséenne de la souffrance d'après-guerre de toutes les familles de « poilus » « morts pour la France ».

Albert Lebrun
(du 10 mai 1932 au 11 juillet 1940)

Second président à être réélu, après Jules Grévy, sans toutefois terminer son second mandat, cet élu de la droite modérée dut cohabiter avec Léon Blum, leader du Front populaire.

Aux origines

Né le 20 août 1871 à Mercy-le-Haut (Meurthe-et-Moselle), le village faisant alors partie des régions occupées par les allemands, il poursuit de brillantes études au lycée de Nancy, où enseigne le célèbre mathématicien Henri Poincaré (1854-1912). Reçu à l'École polytechnique à 19 ans, il sort major en 1892, effectue son service militaire comme lieutenant d'artillerie puis entre à l'École des mines, dont il sort major également en 1896. Il devient, pendant quelques années, ingénieur des Mines à Vesoul puis à Nancy.

Le parcours politique

Dès 1898, à 27 ans, il est élu à l'assemblée départementale, dont il assumera la présidence de 1906 à 1932. « Républicain de gauche », il est élu député à 29 ans, puis réélu de 1902 à 1919. En 1920, il succède au Sénat à André Mézières, son mentor décédé. Il est élu président du Sénat en 1931 au cours d'un scrutin serré face à Jules Jeanneney. Pendant sa députation, il connaîtra une carrière ministérielle s'ordonnant autour des portefeuilles des Colonies (1911-1914) et du « Blocus et des Régions libérées » (1917-1919).

La présidence

Après l'assassinat de Paul Doumer, le président du Sénat Albert Lebrun est élu au premier tour face au candidat socialiste Paul Faure (1878-1960). Il connaît lors de son premier septennat les émeutes du 6 février 1934, l'arrivée au pouvoir du Front populaire, les débuts de la guerre civile espagnole, l'assassinat du roi de Yougoslavie et du ministre des Affaires étrangères Louis Barthou, la remilitarisation de la rive gauche

« [...] le président de la République représente la permanence au travers des gouvernements variables au gré des majorités parlementaires. En cas de crise ministérielle, faisant effort pour s'élever au-dessus des partis et pour interpréter sainement la volonté du pays, il désigne le président du Conseil. »
Albert Lebrun

apprentissage républicain | présidence interrompue | République de la province

du Rhin, l'*Anschluss* et les accords de Munich. Après Patrice de Mac-Mahon et Alexandre Millerand, il fut le troisième président de la IIIe République à connaître une expérience de cohabitation – avec Léon Blum, lors du gouvernement de Front populaire. Albert Lebrun dut se résigner à signer nombre de textes en contradiction avec ses convictions profondes. Ne souhaitant pas se représenter, il y est amicalement poussé par les présidents du Sénat et de la Chambre des députés – Jules Jeanneney et Édouard Herriot –, mais aussi par le gouvernement britannique d'Arthur Neville Chamberlain (1869-1940). Malgré les tentatives d'Édouard Daladier (1884-1970), Albert Lebrun fut réélu face au député socialiste de Haute-Garonne Albert Bedouce le 5 avril 1939. Il nommera trois présidents du Conseil* : Édouard Daladier, Paul Reynaud (1878-1966) le 21 mars 1940 (avec notamment le général de Gaulle au sous-secrétariat d'État à la Défense nationale et à la Guerre) et Philippe Pétain le 16 juin 1940 à Bordeaux. Le vote de la loi du 10 juillet 1940 portant délégation de pouvoir constituant au maréchal Pétain et la publication des premiers actes constitutionnels du régime de Vichy (et notamment la remise en question de la Constitution de la IIIe République et donc de l'existence même du président de la République) conduisent Albert Lebrun au départ. L'ordonnance du 9 août 1944 rétablissant la légalité républicaine et déclarant nul et non avenu tout ce qui a suivi la démission du gouvernement Paul Reynaud aurait dû permettre – constitutionnellement – à Albert Lebrun de retrouver la présidence de la République (« *la République n'ayant pas cessé d'exister* », selon les termes de l'ordonnance), mais le général de Gaulle (1890-1970) ne répondit jamais à la lettre du président Lebrun lui rappelant que son mandat ne se terminait que le 5 avril 1946.

De Gaulle à propos de Lebrun

« *Comme chef de l'État, deux choses lui avaient manqué : qu'il fut un chef ; qu'il y eut un État.* » *Mémoires de guerre, Le Salut*, 1959.

Premier président de la République « déposé » en toute légalité, au début de son second mandat, Albert Lebrun n'a pas pu retrouver ses fonctions en 1944 face à la légitimité charismatique du général de Gaulle.

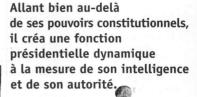

Vincent Auriol
(du 16 janvier 1947 au 7 janvier 1954)

Allant bien au-delà de ses pouvoirs constitutionnels, il créa une fonction présidentielle dynamique à la mesure de son intelligence et de son autorité.

Aux origines

Né le 27 août 1884 à Revel (Haute-Garonne), fils d'un boulanger, cet enfant borgne poursuit des études au collège de Revel avant de passer avec succès sa licence de philosophie et de soutenir, à Toulouse, son doctorat en droit. À 21 ans, en 1905, il s'inscrit au barreau de Toulouse et devient l'avocat de la Bourse du travail, des cheminots grévistes et des ouvriers chapeliers. Le 10 décembre 1921, il s'inscrit au barreau de Paris, dont il ne démissionnera que le 26 décembre 1956.

Le parcours politique

Malgré l'opposition de son père, radical-socialiste, Vincent Auriol s'inscrit à 21 ans à la Fédération socialiste de Haute-Garonne. En 1909, il fonde, avec le député-maire de Toulouse, *Le Midi socialiste,* dont il devient le rédacteur en chef. Le 10 mai 1914, il est élu député de la Haute-Garonne. Réélu en 1919, il compte parmi les douze députés socialistes qui suivent Léon Blum, refusant l'adhésion à la IIIᵉ Internationale communiste. Membre de la SFIO, il est réélu en 1924, puis porté à la présidence de la commission des Finances (1924-1925). Outre ses réélections à la Chambre des députés (1928, 1932, 1936), il est ministre de la Justice (troisième gouvernement Chautemps) et ministre de la Coordination des services ministériels en 1938. Le 10 juillet 1940, il se trouve parmi les 80 parlementaires qui refusent

« *Auriol est la déformation occitane de "loriol", sobriquet qui se rapporte à l'oiseau. Ce nom est très courant en Languedoc.* » Michel Sementery, *Les Présidents de la République française et leur famille*, 1982.

apprentissage républicain | présidence interrompue | République de la province

les pleins pouvoirs au maréchal Pétain. Emprisonné, il s'évade, gagne les maquis de l'Aveyron, puis Londres, Alger et la France libre. Membre de l'Assemblée consultative provisoire de 1943 à 1945, il est nommé par le général de Gaulle ministre d'État de son gouvernement. Élu président de l'Assemblée constituante puis de l'Assemblée nationale en 1946, il met tout en œuvre pour faire avancer le projet de Constitution de la IVe République, finalement adoptée le 13 octobre 1946 par référendum (36,1 % de oui, 31,3 % de non et 31,2 % d'abstentions).

La présidence

Face au fils de Clemenceau, du PRL (Parti républicain de la Liberté), et à Auguste Champetier de Ribes, du MRP (Mouvement républicain populaire), Vincent Auriol bénéficia des voix socialistes et communistes et fut élu président de la République dès le premier tour de scrutin. Là, il innovera : il sera le premier chef de l'État à utiliser la radio pour prononcer des allocutions (notamment à l'occasion des vœux de 1947), à introduire dans les menus élyséens la garbure et le cassoulet, à dénoncer « *l'incohérence du PC* », à connaître une crise ministérielle de quarante jours (21 mai - 27 juin 1953), à présider l'Union française et à s'opposer avec vigueur aux partisans de la CED (Communauté européenne de défense). Après son départ de la présidence, il restera politiquement actif. Non seulement il rédigera son fameux Journal, mais il interviendra en faveur du retour au pouvoir du général de Gaulle, auquel il s'opposera pourtant assez vite en démissionnant du Conseil constitutionnel, dont il était membre de droit, en 1960 et en soutenant, peu de temps avant sa mort, en 1966, la candidature de François Mitterrand (1916-1996) à la présidence de la République.

Vincent Auriol, le plus engagé des présidents de la IVe République, tenta, par la personnalisation qu'il donna au pouvoir présidentiel, d'éviter à cette institution les dérives pernicieuses du régime d'assemblée.

René Coty
(du 7 janvier 1954 au 8 janvier 1959)

Président effacé d'une IVe République mal aimée, il vit ses gouvernements réduits à l'impuissance et à l'immobilité avant que l'insurrection d'Alger ne renverse le régime.

Boutade

« Si j'ai été élu président de la République », confiera René Coty un an après son élection, *« c'est parce que j'ai été opéré de la prostate. Cette opération m'a dispensé de prendre parti pour ou contre la CED. »*

Le président Coty selon André Siegfried

« [...] une connaissance avertie des hommes et des choses qui ne s'en laisse pas compter ; puis une finesse qui, devançant la parole, exprime plus que cette parole ne semble dire, mais entend aussi de vous plus que vous n'en dites vous-même. »

Aux origines

Né au Havre (Seine-Inférieure) le 20 mars 1882, il obtient à 16 ans ses baccalauréats en sciences et en lettres avec la mention bien. Licencié en droit et en philosophie de l'université de Caen, il s'inscrit au barreau du Havre en 1902 et devient le défenseur des cheminots et du syndicaliste Durand (procès qualifié d'« affaire Dreyfus* du prolétariat »). Ses engagements sociaux au début de sa carrière d'avocat le conduisent à être candidat aux élections locales : à 25 ans, il est élu conseiller d'arrondissement.

Le parcours politique

Successivement conseiller municipal du Havre, conseiller général puis vice-président du conseil général, il est l'un des collaborateurs de Jules Siegfried, maire du Havre, auquel il succède à la députation le 10 juin 1923. Il sera constamment réélu jusqu'en 1935, année où il devient sénateur de la Seine-Inférieure. René Coty connaît aussi une brève carrière ministérielle : sous-secrétaire d'État à l'Intérieur pendant cinq jours, en 1930, il est nommé ministre de la Reconstruction et de l'Urbanisme du 24 novembre 1947 au 12 septembre 1948. Conseiller de la République de novembre 1948 à janvier 1954, il devient vice-président de la Haute Assemblée de 1949 à 1954. Il s'y fait notamment remarquer par sa contribution déterminante au rapport concernant

| apprentissage républicain | présidence interrompue | République de la province |

la révision de la Constitution de la IVe République et par sa volonté de participer pleinement à « *l'établissement d'un véritable "équilibre des pouvoirs"* » et « *au réarmement politique de la France* ».

La présidence

À la fin de 1953, Vincent Auriol ne se représente pas. Pendant cinq jours, dix tours de scrutin opposent Joseph Laniel (1889-1975) et Marcel Edmond Naegelen. La situation reste bloquée jusqu'au treizième tour de scrutin, où l'introuvable majorité se dessine enfin et se porte sur le sénateur indépendant René Coty, « *ce parfait parlementaire, ce parfait honnête homme* » (Pr Jean-Jacques Chevallier), à propos duquel son compatriote havrais André Siegfried écrira dans *L'Année politique* : « *Nul choix n'eût pu être meilleur dans de telles conditions.* » « *À la République de 1947, celle des camarades socialistes et méridionaux qu'étaient Auriol et Ramadier, succédait la République de 1954, celle des notables normands, des bourgeois de droite qu'étaient Coty et Laniel* » (Pr Guy Antonetti, *Histoire contemporaine politique et sociale*, 1993). Le président Coty fait preuve de « *discrétion constitutionnelle* » (Pr Jean-Jacques Chevallier), de neutralité apparente au moment des crises, sans cacher sa volonté de renforcer le gouvernement mais non la présidence de la République. Il souligne d'ailleurs, en avril 1954, qu'il entend « *continuer à l'Élysée le métier de conseiller de la République* [qu'il exerçait] *auparavant au Sénat* ». Dans son septennat « quinquennal », il n'aura que six crises ministérielles à gérer (contre seize pour son prédécesseur), nommera de grands présidents du Conseil* : Pierre Mendès France (1907-1982), Edgar Faure (1908-1988), Guy Mollet (1905-1975) et... le général de Gaulle, dernier chef de gouvernement de la IVe République. Le président Coty fera appel, le 29 mai 1958, à celui qu'il désigne comme « *le plus illustre des français* ». Il menace de démissionner si l'Assemblée ne le suit pas : le plus discret des présidents vient de prendre la plus fondamentale des décisions. La IVe République est morte. La Ve est en train de naître.

« *En rappelant ce que fut la personnalité de René Coty, comment ne pas évoquer cette pensée de La Bruyère : "La modestie est au mérite ce que les ombres sont aux figures d'un tableau : elles lui donnent force et relief."* » Charles de Gaulle, discours aux obsèques de René Coty, 27 décembre 1962.

Plus intelligent et déterminé que son image traditionnelle ne le laissait croire, René Coty sut, au moment opportun, appeler le général de Gaulle et accélérer l'histoire en favorisant, à sa manière, la naissance de la Ve République.

Charles de Gaulle
(du 8 janvier 1959 au 28 avril 1969)

Fondateur de la Ve République, ce général charismatique fut, pendant dix ans, le président d'une nouvelle forme de régime, la monarchie républicaine.

Les débuts de l'écrivain
Dès les années 1920, il commence à écrire : *La Discorde chez l'ennemi* (1924), *Le Fil de l'épée*, *La France et son armée* (1938), *Vers l'armée de métier* (où de Gaulle préconise, en 1934, une armée professionnelle).

Aux origines

Né à Lille le 22 novembre 1890, Charles de Gaulle sort de Saint-Cyr en 1912 pour être affecté à Arras (Pas-de-Calais) au 33e régiment commandé par le colonel Philippe Pétain. Blessé à deux reprises, il est fait prisonnier en 1916 et détenu pendant trente-deux mois. Participant aux combats de Montcornet (Aisne, 17 mai 1940), il est promu général de brigade à titre temporaire et nommé sous-secrétaire d'État à la Défense nationale et à la Guerre dans le gouvernement Reynaud, le 5 juin 1940. Mais la signature de l'armistice (16 juin 1940) le conduit à lancer l'Appel du 18 juin et à devenir dès août 1940 le chef de la France libre à Londres.

Le parcours politique

Le parcours du général de Gaulle en politique se confondra tout d'abord avec l'incarnation de la France combattante et de la Résistance. Président, en 1944, le Gouvernement provisoire de la République française, il restaure la légalité républicaine, installe des commissaires de la République dans tous les départements et impose au Parti communiste la dissolution des milices patriotiques. Après avoir donné le droit de vote aux femmes (ordonnance de 1944), permis à la France de siéger au Conseil de sécurité de l'ONU et engagé une politique économique et sociale novatrice (Sécurité sociale, nationalisations), il démissionne le 20 janvier 1946 à la suite de différends avec l'Assemblée constituante. Dès lors commence la traversée du désert. Il prononce le 16 juin 1946 le fameux « discours de Bayeux », véritable trame fondatrice de la future Constitution de la Ve République et crée le RPF (Rassemblement du peuple français) le 14 avril 1947.

« *Je cesse d'exercer mes fonctions de président de la République. Cette décision prend effet aujourd'hui à midi.* »
Communiqué du général de Gaulle daté du 28 avril 1969, à minuit onze.

apprentissage républicain | présidence interrompue | République de la province

Face à l'incapacité de la IVe République à résoudre problème le algérien, le président René Coty fait appel « *au plus illustre des Français* ». La Constitution de 1958 est approuvée par référendum le 28 septembre 1958.

Un stratège politique

Le 21 décembre, un collège électoral de 83 000 notables élit Charles de Gaulle premier président de la Ve République. Il règle tout d'abord avec difficulté le problème algérien – entre tentatives d'assassinat et putsch de généraux. Attaché à son « domaine réservé » (affaires étrangères, affaires algériennes, défense nationale), le général de Gaulle conduit une politique étrangère particulièrement originale : une indépendance nationale s'appuyant sur une Europe économique, le refus de toute construction européenne fédérale et supranationale, la priorité à la réconciliation franco-allemande – avec le chancelier Konrad Adenauer (1876-1967) –, une défense nucléaire française. Les événements marquants se succèdent : la France se retire de l'OTAN en 1966 ; le premier essai atomique a lieu le 13 février 1960 ; la Chine populaire est reconnue (1964) ; les pays du tiers-monde sont encouragés (discours de Phnom Penh le 1er septembre 1966) ; l'appel au « *Québec libre* » (juillet 1967) est encore entendu plus de trente ans après ; la politique d'Israël (« *ce peuple sûr de lui et dominateur* ») est critiquée. Du premier projet géopolitique (« *la France de Dunkerque à Tamanrasset* ») à l'ambitieuse géographie espérée (« *créer une solidarité européenne de l'Atlantique à l'Oural* »), le général de Gaulle s'est imposé non seulement comme un grand acteur sur la scène internationale, mais aussi comme un homme d'État au dessein prémonitoire : « *Pour que cette Europe soit possible, il faut de grands changements. D'abord que l'Union soviétique ne soit plus ce qu'elle est, mais la Russie.* »

Déterminé à imposer cette « *certaine idée de la France* » qu'il faisait partager aux Français, le général de Gaulle a su redonner à notre pays une place dans le concert international parmi les « cinq Grands ».

Les leçons du gaullisme

Inspiré par André Tardieu, le général de Gaulle a su habilement décliner les différents genres constitutionnels et politiques de notre histoire, du plébiscite impérial à la démocratie représentative, en passant par la symbolique du monarque.

Les idées constitutionnelles du général de Gaulle

Fortement inspiré par André Tardieu, par Michel Debré, adepte du modèle anglo-saxon de Westminster, par certains parlementaires de la IVe République, et notamment par certains projets élaborés par la Résistance, le général de Gaulle exposa pour la première fois ses idées constitutionnelles lors du discours de Bayeux de 1946. Comme l'a souligné le doyen Georges Vedel, la Constitution de 1958 est « *un compromis apparent entre le régime parlementaire à l'anglaise et un régime présidentiel à l'américaine...* » Le président

De Gaulle, un monarque républicain (décembre 1962 - 27 avril 1969)

Cinq événements majeurs vont marquer son « septennat » :
1- La conférence de presse du 31 janvier 1964, véritable « défense et illustration de la Constitution », que le chef de l'État définit comme « *un esprit, des institutions, une pratique* ».
2- L'élection présidentielle de décembre 1965, qui verra la victoire, au second tour, du général de Gaulle (55 %) sur François Mitterrand (45 %).
3- Les élections législatives de 1967, remportées d'un siège par de Gaulle grâce aux Républicains indépendants de Valéry Giscard d'Estaing (né en 1926).
4- Les événements de mai-juin 1968, qui ébranlent le régime – sauvé in extremis par le général de Gaulle après une « vraie-fausse » vacance du pouvoir. La « majorité introuvable », née de la dissolution de l'Assemblée, fait oublier temporairement la profondeur du malaise.
5- Le départ-démission du général de Gaulle après l'échec du « référendum-question de confiance » du 27 avril 1969 portant sur l'organisation des régions et la réforme du Sénat.

| apprentissage républicain | présidence interrompue | République de la province |

de la République a, à la fois, les avantages du monarque parlementaire (l'irresponsabilité et l'éloignement des affaires quotidiennes) et les avantages du régime présidentiel (pouvoir de dire le dernier mot). Déterminé à faire du président un « *chef de l'Etat qui en soit un* », le général de Gaulle insiste pour que ses pouvoirs propres soient étendus (dissolution, appel au référendum, utilisation de l'article 16). Il ira plus loin en 1962 en révisant (en la violant, d'ailleurs) la Constitution afin de permettre l'élection du président de la République au suffrage universel direct (révision adoptée par référendum le 28 octobre 1962 par 62 % des suffrages exprimés). Le général de Gaulle devient ainsi le chef de l'exécutif d'un régime présidentialiste et d'une démocratie plébiscitaire où il ne cesse de ressourcer sa légitimité à l'aide des référendums ou de l'élection présidentielle (1965). Il introduit un lien direct entre le peuple et le chef de l'Etat tout en inventant une nouvelle forme de responsabilité politique non prévue dans la Constitution mais effective dans la pratique du pouvoir (il démissionnera d'ailleurs après le non au référendum du 27 avril 1969). Le général de Gaulle a ainsi contribué à la naissance d'une « *monarchie républicaine* » (Pr Maurice Duverger) s'appuyant sur un présidentialisme majoritaire (le président dispose d'une majorité au Parlement).

Le gaullisme

Doctrine pour les uns, courant politique pour les autres, le gaullisme suscite plusieurs interprétations : inséparable de la personne même du général (Pr Jean Touchard), expression d'un capitalisme de monopole (pour les marxistes), illustration de la modernisation économique du pays (Pr François Goguel), héritier direct du bonapartisme (Pr René Rémond), permettant la mutation du système politique français, avec un parti dominant (Pr Jean Charlot). Toujours invoqué par ses successeurs, ou les membres du RPR, il est plus instrumentalisé au gré des opportunités électorales que décliné dans le quotidien de la gouvernance.

Testament

« [...] *Je ne veux pas d'obsèques nationales. Ni président, ni ministre, ni bureau d'Assemblée, ni corps constitués. [...] Aucun discours ne devra être prononcé, ni à l'église, ni ailleurs. Pas d'oraison funèbre au Parlement. [...] Les hommes et les femmes de France pourront, s'ils le désirent, faire à ma mémoire l'hommage d'accompagner mon corps jusqu'à ma dernière demeure... »*
Charles de Gaulle

Figure désormais légendaire de l'histoire de France, le général de Gaulle aura su faire une synthèse de notre instabilité constitutionnelle en donnant au pays une nouvelle République qui, par certains côtés, pouvait ressembler à une monarchie constitutionnelle ou à un empire plébiscitaire.

Alain Poher

(du 28 avril au 19 juin 1969 et du 2 avril au 27 mai 1974)

Premier et seul président de la République par intérim de notre histoire, ce président du Sénat fut aussi candidat à la présidence de la République.

Aux origines

Né le 17 avril 1909, Alain Poher poursuit ses études à Paris et entre à l'École des mines, dont il sort ingénieur civil. Il devient administrateur civil au ministère des Finances en 1959. Entré dans la Résistance, il préside le Comité de libération au ministère des Finances le 20 juillet 1944.

Le parcours politique

Il devient chef de cabinet du ministre des Finances Robert Schuman (1886-1963) le 26 juin 1946. Le 8 décembre de la même année, il est élu membre du premier Conseil de la République (appellation du Sénat sous la IVe République) et rapporteur général de la commission des Finances (1946-1948). Puis vient le temps des portefeuilles ministériels : secrétaire d'État aux Finances et Affaires économiques (cabinet Schuman), au Budget (cabinet Queuille), à la Marine (cabinet Félix Gaillard). Il assume aussi des responsabilités internationales : commissaire général aux affaires allemandes et autrichiennes (de 1948 à 1950) ou délégué de la France à l'Autorité internationale de la Ruhr. Mais Alain Poher est d'abord l'incarnation presque idéale du parlementaire sous la IVe comme sous la Ve République : il siège sans interruption au Sénat de 1952 à 1996, y préside le groupe MRP (Mouvement républicain populaire) de 1954 à 1957 et de 1959 à 1960, il est membre de l'Assemblée européenne dès sa création, en 1958, et en est président de 1966 à 1969. Fervent partisan de la construction européenne, ce démocrate-chrétien préconisera en 1965 la création d'une monnaie commune. En 1968, il succède à Gaston Monnerville (1897-1991) : il est élu au troisième tour de scrutin, le 3 octobre, avec 135 voix contre 107 au candidat « indépendant » et 22 à celui du Parti communiste. Il restera président du Sénat jusqu'en 1992, soit vingt-quatre ans pendant lesquels il exerce, par deux fois, les fonctions de président de la République par intérim.

Les présidences... par intérim

Dès lors qu'il y a empêchement, vacance ou interruption définitive du mandat du chef de l'État, par démission, accident de santé ou mort, la Constitution de la Ve République confie au président du Sénat le loin d'exercer les attributions présidentielles dans leur inté-gralité : ainsi, par deux fois, Alain Poher assurera l'intérim de la présidence de la République – en 1969 à la suite de la démission du général de Gaulle, et en 1974 après la mort du président Georges Pompidou (1911-1974). En 1969, le président intérimaire trouve l'Élysée désert et rencontre un gouvernement orphelin. Il n'en exerce pas moins ses prérogatives avec simplicité, mais avec fermeté : il convoque le président de l'ORTF (Office de radiodiffusion-télévision française) pour le rappeler à l'objectivité et à l'impartialité en période électorale ; il remplace l'histo-rique et emblématique Jacques Foccart (secrétaire général aux Affaires africaines et malgaches) ; enfin, poussé par ses amis et ses collègues, y compris par certains socialistes, il pose sa candidature à la présidence de la République. Mais la mauvaise organisation de sa campagne, son manque de charisme, son peu d'expérience dans l'utilisation des médias, et notamment de la télévi-sion, contribuent à sa défaite malgré sa bonne image de « président arbitre ». À l'occasion du deuxième intérim, en 1974, les choses se passent mieux : Alain Poher n'est pas candidat, il veille à la régularité de la compétition, à l'objectivité de l'ORTF. Comme en 1969, il exerce la plénitude de ses attributions.

Incarnation de l'imaginaire d'une République du centre pour les temps de l'après-gaullisme, Alain Poher ne peut en assumer la réalité, trop marqué par son image tranquille et très « IVe République » de président du Sénat.

Georges Pompidou

(du 20 juin 1969 au 2 avril 1974)

Assumant avec fidélité l'après-de Gaulle, ce normalien aux origines rurales, condamné au quinquennat par la mort et non par la Constitution, laissa passer la chance de la « nouvelle société ».

Aux origines

Né le 5 juillet 1911 à Montboudif, village du Cantal où ses parents étaient instituteurs, Georges Pompidou poursuit de brillantes études et intègre l'École normale supérieure. Agrégé de lettres, il devient, en 1935, professeur de français-latin-grec au lycée Saint-Charles de Marseille. Bien que n'étant pas un résistant particulièrement actif, il rentre dans l'entourage du général de Gaulle à la Libération pour occuper, au sein du cabinet civil, les fonctions d'un « *bon collaborateur sachant écrire* ». Républicain de droite, alors que ses origines le conduisaient plutôt à gauche, Georges Pompidou est, selon l'heureuse formule de Maurice Agulhon, « *gaulliste avant de connaître de Gaulle* ».

Le parcours politique

Après avoir été membre du Conseil constitutionnel et directeur général du groupe Rothschild, il est nommé en 1962 Premier ministre du général de Gaulle à la place de Michel Debré (1912-1996). Il illustre alors l'apparition d'un nouveau type d'homme politique : celui d'un haut responsable qui n'a connu ni l'adoubement de l'élection populaire, ni l'expérience des hauts fonctionnaires, ni en l'occurrence le passé d'ancien « grand résistant ». Désormais, le traditionnel schéma républicain va s'inverser : l'homme de pouvoir précédera l'homme de terrain ; le portefeuille, la circonscription. Georges Pompidou

« Je ne crois pas avoir ce qu'on appelle un avenir politique. J'ai un passé politique. J'aurai peut-être, si Dieu le veut, un destin national, mais c'est autre chose. » Déclaration à la télévision (13 février 1969).

apprentissage républicain | présidence interrompue | République de la province

restera Premier ministre du général de Gaulle jusqu'au 10 juillet 1968. Sa nouvelle dimension d'homme d'État après les événements de mai 1968, la démission du président le 28 avril 1969, après l'échec du référendum, feront de lui le meilleur des candidats à la succession du « Père ».

La présidence

Après un premier tour où il arrive en tête avec 43,95 % des voix face à Alain Poher, président de la République par intérim, 23,42 % des voix, Jacques Duclos (1896-1975), candidat du Parti communiste, 21,52 %, et Gaston Defferre (1910-1986), dépassant à peine les 5 %, Georges Pompidou l'emporte largement au second tour avec près de 58 % des voix. « *Les électeurs préfèrent la Ve République à Alain Poher* » (Pr Olivier Duhamel), qui incarnait le retour à l'avant-de Gaulle et à la IVe République. « *Premier universitaire à accéder à la plus haute charge de l'État* » (selon Georges Pompidou lui-même), il poursuit l'œuvre du général avec fidélité, laissant son nom au gigantesque centre culturel du plateau Beaubourg, à l'audacieuse architecture. Après avoir laissé son premier Premier ministre, Jacques Chaban-Delmas, développer avec originalité son projet de « nouvelle société » destinée à remédier aux problèmes de la « *société bloquée* » (Pr Michel Crozier), il le remplace par l'ancien ministre des Armées du général de Gaulle, Pierre Messmer, plus administrateur de colonies que formé aux choses de la politique. Cette nomination marque, selon certains, le retour au conservatisme pompidolien après le réformisme de Chaban-Delmas, la victoire des conseillers du président (Marie-France Garaud et Pierre Juillet), d'autant plus déterminante que la maladie de Pompidou fit d'eux les vrais acteurs du pouvoir. Le 2 avril 1974, Georges Pompidou meurt sans avoir pu mener à bien l'un de ses grands projets politiques : la transformation du septennat en quinquennat (échec de la révision de la Constitution en 1973). Il restera le dernier président à avoir tenté de faire du « *gaullisme sans de Gaulle* ».

« *Notre système, précisément parce qu'il est bâtard, est peut-être plus souple qu'un système logique. Les "corniauds" sont souvent plus intelligents que les chiens de race.* » Le Nœud gordien, 1974.

« *Le patron, c'est moi. Ce que le général de Gaulle aura légué de meilleur à la France, c'est la prééminence du président... Je ne serai ni Mac-Mahon, ni Grévy. Je me maintiendrai.* » Déclaration à Alain Peyrefitte (octobre 1970).

Incarnant l'après-gaullisme, ne croyant pas à la « nouvelle société » de Chaban-Delmas, Georges Pompidou ne sut pas, en politique, avoir la même originalité et le même temps d'avance que pour l'art moderne.

Valéry Giscard d'Estaing

(du 27 mai 1974 au 21 mai 1981)

Premier ancien élève de l'ENA à être élu à la présidence de la République, « VGE » tenta de décrisper la vie politique et inventa la démocratie constitutionnelle.

Aux origines

Né à Coblence (Allemagne) le 2 février 1926, étudiant brillant (École polytechnique puis ENA), VGE participe aux campagnes d'Alsace et d'Allemagne en 1944-1945, dont il revient avec la croix de guerre.

Le parcours politique

Il entre à 28 ans dans les cabinets ministériels de la IVe République. Il est élu successivement député (Indépendants et paysans d'action sociale), conseiller municipal de Chanonat puis conseiller général du Puy-de-Dôme. Après avoir voté l'investiture de De Gaulle en 1958, il connaît une carrière politique fulgurante, presque unique dans les annales de la République : secrétaire d'État au Budget en 1959, ministre des Finances de janvier 1962 à janvier 1966. Il lance ensuite la Fédération nationale des républicains indépendants et se rend très médiatique : alliant jeunesse et décon-traction, compétence technique et don pédagogique, chandail et tableau noir, accordéon et skis, football et tennis, VGE lance des formules qui baliseront son ascension vers l'Élysée (comme le fameux « oui mais »). Réservé sur le dernier référendum du général de Gaulle, il est ministre des Finances du 23 juin 1969 à la mort de Pompidou, dont il a soutenu la candidature. Le 8 avril 1974, à 48 ans, il présente, depuis Chamalières, sa candidature à l'Élysée après l'annonce de celles de Chaban-Delmas, Edgar Faure et Pierre Messmer.

La présidence

Après une campagne électorale où il séduit par son charme, son cursus et la modernité

apprentissage républicain | présidence interrompue | République de la province

de son programme – regardant « *la France au fond des yeux* » –, il propose « *l'ouverture dans la continuité* » et rétorque à son adversaire du second tour, François Mitterrand, qu'il n'a « *pas le monopole du cœur* ». Élu avec 50,8 % des suffrages, contre 49,2 % au leader de la gauche, VGE inaugure l'après-gaullisme, puisque premier candidat non gaulliste à être élu à l'Élysée depuis 1958. Son septennat sera d'ailleurs marqué par une démarche originale, théorisée dans son ouvrage *Démocratie française* (1976) : engagement déterminé pour une « *République du centre* », volonté de « *décrisper la vie politique* », invention de la démocratie « *constitutionnelle* ». VGE démarre sur les « chapeaux de roues » en adoptant des réformes déterminantes : abaissement de l'âge électoral de 21 à 18 ans (juillet 1974) ; modification du statut de l'ORTF (Office de radiodiffusion-télévision française, août 1974) ; révision fondamentale de la Constitution qui élargit aux parlementaires le droit de saisine du Conseil constitutionnel (pour la première fois depuis 1789, la minorité politique peut avoir juridiquement raison) ; loi sur l'interruption volontaire de grossesse (IVG, janvier 1975) ; innovations qui se retourneront contre son auteur (dîners chez des familles françaises ordinaires, visites de prisons, invitations d'éboueurs à l'Élysée, ouverture du palais présidentiel au public, décentralisation du Conseil des ministres, invitation des leaders de l'opposition au « Château »). Mais certains événements métamorphosent le septennat : démission du Premier ministre, Jacques Chirac, en 1976, élu l'année suivante maire de Paris ; guérilla du RPR contre Raymond Barre (conduit à utiliser systématiquement l'article 49.3) ; troisième choc pétrolier ; irruption du chômage (problème majeur jamais résolu depuis). Le « président-candidat », accusé de dérives monarchiques, empêtré dans l'« affaire des diamants de Bokassa », ne sut pas contrer les critiques du candidat Mitterrand, qui le battit au second tour de l'élection du 10 mai 1981 (avec 51,75 % des suffrages).

« *Vous pouvez choisir l'application du Programme commun. C'est votre droit. Mais si vous le choisissez, il sera appliqué. Ne croyez pas que le président de la République ait dans la Constitution les moyens de s'y opposer.* » Discours de VGE à Verdun-sur-le-Doubs (27 janvier 1978).

Premier homme politique sous la Ve République à tenter d'instaurer la « République du centre », VGE voit ses tentatives de réformes et de nouvelle communication mises à mal par les dérives d'une image « monarchique ».

François Mitterrand
(du 21 mai 1981 au 7 mai 1995)

Premier président de notre histoire républicaine à terminer son second mandat, il fut aussi celui qui permit à la Ve République de connaître la première de ses cohabitations.

Aux origines

Né à Jarnac (Charente) le 26 octobre 1916, François Mitterrand poursuit des études de droit et à Sciences-Po. Proche des Croix-de-Feu* du colonel de La Rocque (1885-1946) et hostile au Front populaire, il obtient un emploi au commissariat aux Prisonniers de guerre à Vichy, sera décoré de la francisque et même présenté au maréchal Pétain. Mais profondément anti-allemand, il fonde le Rassemblement national des prisonniers de guerre, « subit » la bienheureuse influence de Danielle Gouze, militante de gauche et résistante dans les maquis de Bourgogne (qu'il épouse le 27 octobre 1944), et devient président du Mouvement national des prisonniers de guerre et déportés. La IVe République va lui donner l'opportunité d'entreprendre l'une des plus longues carrières politiques de notre histoire républicaine (1946-1995).

Le parcours politique

Malgré un échec en juin 1946, François Mitterrand est élu, en novembre, député de la Nièvre sous l'étiquette Action et unité républicaine, qu'il abandonnera pour celle de l'UDSR (Union démocratique et socialiste de la Résistance), à la charnière de toutes les combinaisons entre la SFIO et le centre droit. À 31 ans (22 janvier 1947), il devient le plus jeune des ministres du gouvernement Ramadier, avec le portefeuille des Anciens Combattants et victimes de guerre. Il fut ensuite successivement chargé de l'Information (1948-1949), de la France d'outre-mer (1950-1951), de l'Intérieur (1954-1955), de la Justice (1956-1957), du Conseil de l'Europe (28 juin 1953). Sa longévité ministérielle, la présidence de l'UDSR, son sens tactique, son libéralisme concernant l'Algérie

« Ni [...] président absolu des débuts de la Ve République, maître en fait de tous les pouvoirs, ni président-soliveau* de la IVe République, qui n'en avait aucun, [...] le président doit être à la fois responsable et arbitre. »
François Mitterrand, Lettre à tous les Français, 7 avril 1988.

apprentissage républicain   présidence interrompue   République de la province

(« *L'Algérie, c'est la France. Des Flandres au Congo, il y a la loi, une seule nation, un seul Parlement* ») semblaient suffisants pour le conduire à la présidence du Conseil*. 1958 et le retour du général de Gaulle allaient au contraire l'éloigner du pouvoir durablement (vingt-trois ans, de 1958 à 1981) et l'installer dans le rôle symbolique de leader de l'opposition face au général de Gaulle. Après la perte de son siège de député en 1958 et l'« affaire de l'Observatoire* », il est élu sénateur de la Nièvre (1959-1962) avant d'être réélu dans sa circonscription de Château-Chinon (25 novembre 1962 - 20 mai 1981). Fer de lance de l'antigaullisme, François

Les qualités de François Mitterrand
« Autorité et séduction ; éloquence et habileté, culture raffinée et savoir-faire machiavélique, séduction mondaine des villes et séduction bucolique des champs... »
Maurice Agulhon

Mitterrand pose peu à peu les jalons de la reconquête du pouvoir : en 1964, avec le plus polémiste (parfois d'ailleurs à l'excès) de ses ouvrages, *Le Coup d'État permanent* ; en 1965, avec sa candidature à la présidence de la République et la mise en ballottage du général de Gaulle ; en 1967, en frôlant d'un siège la victoire aux élections législatives ; en 1971, en devenant le premier secrétaire du nouveau Parti socialiste au congrès d'Épinay-sur-Seine (11-13 juin 1971) ; en 1974, en échouant d'un rien (49,19% des suffrages exprimés) à l'élection présidentielle face à Valéry Giscard d'Estaing ; enfin, en avril 1979, en écartant de son chemin pour la présidentielle de 1981 l'ancien leader du PSU, Michel Rocard, qui l'avait traité d'« *archaïque* ». Le 10 mai 1981, il dépasse les critiques suscitées par son âge (il a 65 ans), les échecs (1965 et 1974), les faux pas dans les affaires sous la IVe République, la faiblesse de sa formation économique. Son succès permet à la Ve République de connaître sa première grande alternance politique et à la gauche de rompre « *avec la fatalité qui l'écartait du gouvernement* ».

Incarnation de l'homme politique de la IVe République, François Mitterrand sut s'adapter sans difficultés à cette Ve République dont sa critique permanente avait fait de lui le leader incontesté de l'opposition.

Les leçons du mitterrandisme

Premier acteur politique de la Vᵉ République à connaître la cohabitation, François Mitterrand aura fait de la jouissance du pouvoir une fin plus déterminante que les résultats d'une politique.

Une entreprise politique

Des passions idéologiques du premier septennat à la prudence très radicale-socialiste du second, de l'habileté stratégique en politique intérieure aux difficultés d'anticipation en politique étrangère, sauf pour l'Europe (qui reste l'une de ses principales réussites), du succès de la décentralisation à l'échec en matière d'emploi, du messianisme socialiste du premier septennat aux affaires du second (corruption, sang contaminé, révélation du passé vichyste), le mitterrandisme est ainsi défini par le directeur du *Monde*, Jean-Marie Colombani, et le Pr Hugues Portelli : « *Ce n'est ni une philosophie sociale, ni une idéologie, encore moins une éthique politique, mais une entreprise politique qui a su réussir en discernant les tendances à l'œuvre dans la société française, les institutions et les partis, et s'appuyer sur elles aussi longtemps que possible.* »

Panthéon

En s'y rendant en 1981, François Mitterrand renouait, selon le Pr Maurice Agulhon, « *avec la tradition la plus ancienne, celle qui unit, en traversant Paris, les cultes de l'Ouest et les cultes de l'Est, les morts de la Défense nationale et les morts de la Révolution* ». *La République de 1880 à nos jours*, 1990.

Le présidentialisme alterné de deux septennats

Les présidences de François Mitterrand correspondent selon le Pr Pierre Avril à une double innovation : « *l'alternance par l'élection présidentielle* », conduisant à la dissolution (1981 et 1988) ; « *l'alternance par la voie parlementaire* », amenant une majorité opposée au président de la République (1986 et 1993). Dès 1981, il prend des communistes dans son gouvernement (Transports, Santé, Formation professionnelle, Fonction publique) et profite de l'état de grâce pour faire adopter un certain nombre de réformes emblématiques du socialisme qu'il entend incarner – lois Auroux*, abolition de la peine de mort et lois de décentralisation.

apprentissage républicain | présidence interrompue | République de la province

En 1983, la crise lui donne une impopularité croissante et, malgré la nomination d'un nouveau Premier ministre, Laurent Fabius, le conduit à l'échec aux élections législatives de 1986. C'est ainsi que, pour la première fois au cours de la Ve République, naît la cohabitation.

« La Constitution, rien que la Constitution, toute la Constitution »

Aussi monarque républicain que le furent de Gaulle, Pompidou et Giscard d'Estaing, Mitterrand dégagea la future règle du jeu par cette petite phrase sibylline glissée dans son message au Parlement en 1986. Il maintint le pré carré présidentiel par la coutume (le « domaine réservé » inventé par Jacques Chaban-Delmas), par les prérogatives présidentielles inscrites dans la Constitution (article 5) et par une communication de « *Vénitien* » (selon Jean d'Ormesson). C'est ainsi que Mitterrand permit à l'article 20 de la Constitution – « *Le gouvernement détermine et conduit la politique de la nation* » – d'être enfin respecté et appliqué… par des acteurs politiques (Jacques Chirac et Edouard Balladur), héritiers pourtant du « gaullo-pompidolisme ».

Un deuxième septennat sans souffle

Regagnant en popularité ce qu'il perdait en influence politique, il fut réélu le 8 mai 1988 face à Jacques Chirac. « *Autant le premier septennat avait été celui des passions idéologiques, autant le second est celui de la prudence* » (Jean-Marie Colombani, Hugues Portelli). Il limite son action à l'impulsion et aux grands axes, le gouvernement Rocard (1988-1991) gérant quotidiennement les problèmes (comme la Nouvelle-Calédonie). L'échec aux élections législatives de 1993 le conduit à la deuxième cohabitation. La fin du second septennat est marquée par la progression de son cancer, mais aussi par les scandales politico-financiers, la corruption, les affaires, ainsi que par des suicides (Pierre Bérégovoy, François de Grossouvre). Moins d'un an après son départ, il s'éteint le 9 janvier 1996 à Paris : à l'hagiographie des temps de deuil succède la médiatisation systématique des bilans (privés et publics), dont personne ne se veut l'héritier.

Unique personnage de la IVe République à trouver sa consécration sous la Ve, François Mitterrand reste, comme l'écrivit l'historien François Furet, « *immense dans son genre, mais limité par ce genre même* ».

Jacques Chirac
(7 mai 1995...)

La première moitié de son septennat a marqué la fin de la monarchie républicaine et le retour à une forme de monarchie constitutionnelle.

Aux origines

Né le 23 novembre 1932 à Paris, il entre à Sciences-Po en 1951 puis à l'ENA. En 1959, il intégrera la Cour des comptes après avoir vainement tenté de rester dans l'armée après son expérience d'officier sur le piton de Souk el-Arba, à la frontière marocaine.

Le parcours politique

Surnommé le « bulldozer » par Georges Pompidou, ce « jeune loup » s'implante dans l'imprenable bastion radical d'Henri Queuille, en Corrèze. En battant le frère de François Mitterrand, candidat FGDS, il voit les portes des ministères s'ouvrir en 1967, à 35 ans : il entre dans le gouvernement Pompidou comme secrétaire d'État aux Affaires sociales chargé des problèmes de l'emploi (avril 1967 - 10 juillet 1968) et joue un rôle décisif dans les négociations avec les syndicats (notamment la CGT) en mai 1968 (accords de Grenelle) ; il devient secrétaire d'État au Budget puis ministre délégué chargé des relations avec le Parlement (janvier 1971-juillet 1972), ministre de l'Agriculture et du Développement rural (juillet 1972-février 1974) : il y gagnera la reconnaissance des agriculteurs français et la réputation de meilleur ministre de l'Agriculture de la Ve République. Ministre de l'Intérieur à la mort de Georges Pompidou, il soutient, à la présidentielle anticipée de 1974, Valéry Giscard d'Estaing contre Jacques Chaban-Delmas, après avoir cassé la candidature de ce dernier

BOULEVARD DE LA DISSOLUTION

BOUM

apprentissage républicain | présidence interrompue | République de la province

par l'« appel des 43 ». Premier ministre de Giscard d'Estaing (27 mai 1974), il démissionne le 25 août 1976 et s'oppose au chef de l'État en fondant le RPR (Rassemblement pour la République) en décembre 1976, en devenant maire de Paris en 1977, enfin, lors de la présidentielle de 1981, en se présentant contre Valéry Giscard d'Estaing sans donner de franches consignes de désistement au second tour. En 1986, il devient à nouveau Premier ministre, mais d'un président de gauche, François Mitterrand, dans un cas de figure unique dans les annales de la Ve République, la cohabitation. Échouant une deuxième fois à la présidentielle de 1988 face à François Mitterrand, il est réélu une troisième fois à la mairie de Paris (mars 1989) et joue un rôle déterminant dans la victoire de l'opposition en 1993. Il lui faut néanmoins affronter celui qu'il avait porté à Matignon, Édouard Balladur (né en 1929), « *un ami de trente ans* », pour remporter enfin, sur les décombres du mitterrandisme finissant, l'élection présidentielle de 1995 : l'homme d'action « *dynamique, courageux, infatigable* » (Pr Jean Charlot) trouvait enfin une réponse idéale à presque trente ans d'engagement politique.

La présidence de la République

À plus de la moitié de la mandature présidentielle (1995-2002), un premier bilan montre une certaine constance dans les objectifs (pacte républicain et lutte contre la fracture sociale), un présidentialisme ordinaire de 1995 à 1997, avec une très forte activité de « président révisionniste » (quatre révisions de la Constitution, la cinquième, sur la réforme de la Justice, étant reportée), puis un parlementarisme ordinaire après la dissolution de l'Assemblée (pour la première fois sous la Ve République défavorable à celui qui la prononce), créant ainsi l'alternance non pas en fin de mandat (comme en 1986 et 1993), mais en début de septennat, avec une nouvelle cohabitation. Restent les questions que pose le rapport qu'entretient Chirac avec le temps : respectera-t-il le calendrier politique ou le bouleversera-t-il ?

Mélange de tous les genres, Jacques Chirac, républicain radical, néogaullien, est peut-être, par sa pratique de la cohabitation longue et de ses multiples révisions constitutionnelles, l'inventeur de la VIe République !

À la recherche d'un profil type

La nature de la classe sociale, l'existence d'une hérédité politique, les convictions religieuses ou l'origine du terroir permettent de dresser le profil type de nos vingt-deux présidents de la République.

La classe sociale

Un seul appartient à la noblesse (le maréchal Mac-Mahon, duc de Magenta) ; deux à l'ancienne bourgeoisie (le général de Gaulle et Giscard d'Estaing) ; neuf à la moyenne bourgeoisie (Thiers, Grévy, Poincaré, Deschanel, Doumergue, Lebrun, Coty, Mitterrand et Chirac) ; cinq à la petite bourgeoisie (Loubet, Fallières, Millerand, Auriol, Pompidou) ; deux au monde ouvrier (Faure et Doumer). Six présidents sont issus directement (à une ou deux générations près) du monde rural ! (Grévy, Loubet, Fallières, Doumergue, Lebrun).

L'hérédité politique

Louis-Napoléon Bonaparte, neveu de Napoléon Ier, bien sûr ; Sadi Carnot, petit-fils du grand Carnot du temps de la Révolution et fils de ministre ; Paul Deschanel, dont le père fut sénateur inamovible ; Jean Casimir-Perier, dont le père, grand-père et arrière-grand-père furent députés (le grand-père étant de plus président de la Chambre des députés et président du Conseil) ; Valéry Giscard d'Estaing, dont les ancêtres – par la branche maternelle – furent aux affaires depuis le premier Empire.

L'origine du terroir

Un certain nombre de régions françaises ont été le berceau de nos présidents : Corse pour Louis-Napoléon Bonaparte ; Provence pour Thiers ; Bourgogne pour Mac-Mahon et Sadi Carnot ; Franche-Comté pour Grévy et Millerand ; Dauphiné pour Casimir-Perier et Loubet ; Gascogne pour Fallières ; Lorraine pour Poincaré et Lebrun ; Lyonnais pour Félix Faure ; Nord et Champagne pour de Gaulle ; Île de France pour Deschanel ; Languedoc et Midi toulousain pour Doumergue et Auriol ; Quercy pour Doumer ; Auvergne pour Pompidou et Giscard d'Estaing ; Normandie pour Coty ; Berry, Poitou et Aquitaine pour Mitterrand ; Limousin pour Chirac. Quelques espaces de notre carte géographique souffrent encore d'un vide... présidentiel : la Flandre, l'Artois, la Picardie, la Bretagne, l'Anjou, le Béarn et l'Alsace.

La religion

Un seul protestant : Gaston Doumergue. Un seul agnostique, au moins officiellement : Vincent Auriol. Un seul israélite (en l'occurrence par sa mère) : Alexandre Millerand, qui se comporta en catholique dans sa vie publique. Tous les autres présidents furent catholiques (à noter que la famille de Valéry Giscard d'Estaing fut protestante jusqu'au début du XVIIIe siècle). Par ailleurs, huit présidents furent francs-maçons : Grévy, Carnot, Faure, Loubet, Fallières (certains auteurs contestent que l'élu du Lot-et-Garonne le fût), Millerand (qui en fut ensuite exclu,

apprentissage républicain | présidence interrompue | République de la province

comme Doumer), Doumergue. À noter que Louis-Napoléon Bonaparte fut « carbonaro » (membre d'une société secrète italienne qui, au début du XIXe siècle, combattait pour la liberté nationale).

La République des avocats
Sur vingt-deux présidents, neuf avocats : Thiers, Grévy, Loubet, Fallières, Poincaré, Millerand, Auriol, Coty et Mitterrand. La fonction d'avocat conduit ainsi plus sûrement à la magistrature suprême sous les IIIe et IVe République que sous la Ve. Deux professeurs : Doumer et Pompidou ; deux militaires : Mac-Mahon et de Gaulle ; un ingénieur des Ponts et Chaussées : Carnot ; un administrateur des sociétés : Casimir-Perier ; un industriel : Félix Faure ; un préfet : Deschanel ; un magistrat : Doumergue ; un ingénieur des Mines : Lebrun ; un inspecteur des finances : Giscard d'Estaing ; un conseiller à la Cour des comptes : Chirac.

La panoplie républicaine
L'accession à la présidence n'est jamais innocente. Elle est toujours la conséquence d'un parcours républicain idéal. Nul ne peut devenir président sans une panoplie républicaine au moins fournie, au mieux complète. Ainsi, Casimir-Perier avait été ministre, président du Conseil et président de la Chambre des députés ; Loubet, Fallières et Doumergue, ministres, présidents du Conseil et présidents du Sénat ; Thiers, Poincaré et Millerand, ministres et présidents du Conseil ; Pompidou et Chirac, Premiers ministres ; Doumer, président de la Chambre des députés et du Sénat ; Grévy et Deschanel, présidents de la Chambre des députés ; Lebrun, ministre et président du Sénat ; Auriol, ministre et président de l'Assemblée nationale ; Carnot, Faure, Coty, Giscard d'Estaing et Mitterrand, ministres ; de Gaulle, sous-secrétaire d'État sous la IIIe République, chef de la France libre et der-

nier président du Conseil de la IVe République ;
Mac-Mahon, sénateur sous Napoléon III.

Le mandat et... l'après-mandat
En dehors de quelques cas isolés (Louis-Napoléon Bonaparte élu à 40 ans, Casimir-Perier à 47 ans, Giscard d'Estaing à 48 ans, Sadi Carnot à 50 ans, Poincaré à 53 ans et Félix Faure à 54 ans), l'âge moyen d'entrée en fonctions est, la plupart du temps, élevé : 62 ans sous la IIIe République, 67,5 ans sous la IVe République et 60 ans sous la Ve République, soit une moyenne de 62 ans pour nos trois Républiques depuis 1875. Concernant l'exercice du mandat, huit présidents ont accompli complètement leur (premier) septennat (Loubet, Fallières, Poincaré, Doumergue, Auriol, de Gaulle, Giscard d'Estaing, Mitterrand) ; six démissionnent avant la fin de leur mandat pour des raisons essentiellement politiques (Thiers, Mac-Mahon, Casimir-Perier, Deschanel, Millerand, Coty) ; quatre meurent pendant leur mandat : Sadi Carnot et Paul Doumer assassinés ; Félix Faure d'une congestion cérébrale dans les bras de sa maîtresse ; Georges Pompidou de maladie. Des quatre présidents ayant sollicité puis obtenu un second mandat, trois ne l'ont pas terminé (Grévy, Lebrun, de Gaulle), la seule et unique exception étant François Mitterrand (1981-1995).

Quant à l'après-Élysée, il est vécu dans une retraite plus ou moins discrète pour neuf des quinze présidents ayant quitté vivants la présidence de la République. D'autres, refusant le destin de Cincinnatus aux champs, reprendront une activité politique : Thiers (député), Poincaré (sénateur et président du Conseil), Deschanel (sénateur), Millerand (sénateur), Giscard d'Estaing (député, président de conseil régional).

Le rôle du président de la République dans la Constitution de la Ve République

Extraits
de la Constitution
de la Ve République
relatifs au président
de la République,
à son mode d'élection,
à ses prérogatives.

Article 5.

Le président de la République veille
au respect de la Constitution. Il assure,
par son arbitrage, le fonctionnement régulier
des pouvoirs publics ainsi que la continuité
de l'État. Il est le garant de l'indépendance
nationale, de l'intégrité du territoire
et du respect des traités.

Article 6.

Le président de la République est élu
pour sept ans au suffrage universel direct.
Les modalités d'application du présent
article sont fixées par une loi organique.

Article 7.

Le président de la République est élu
à la majorité absolue des suffrages exprimés.
Si celle-ci n'est pas obtenue au premier tour
de scrutin, il est procédé, le deuxième
dimanche suivant, à un second tour.
Seuls peuvent s'y présenter les deux candidats
qui, le cas échéant après retrait de candidats
plus favorisés, se trouvent avoir recueilli
le plus grand nombre de suffrages
au premier tour.

Le scrutin est ouvert sur convocation
du gouvernement.

L'élection du nouveau président a lieu
vingt jours au moins et trente-cinq jours
au plus avant l'expiration des pouvoirs
du président en exercice.

En cas de vacance de la présidence
de la République pour quelque cause
que ce soit ou empêchement constaté
par le Conseil constitutionnel saisi par
le gouvernement et statuant à la majorité
absolue de ses membres, les fonctions

du président de la République, à l'exception
de celles prévues aux articles 11 et 12
ci-dessous, sont provisoirement exercées
par le président du Sénat et, si celui-ci est
à son tour empêché d'exercer ses fonctions,
par le gouvernement.

En cas de vacance ou lorsque l'empêchement
est déclaré définitif par le Conseil
constitutionnel, le scrutin pour l'élection
du nouveau président a lieu, sauf cas
de force majeure constaté par le Conseil
constitutionnel, vingt jours au moins
et trente-cinq jours au plus après l'ouverture
de la vacance ou la déclaration du caractère
définitif de l'empêchement.

Si, dans les sept jours précédant la date limite
du dépôt des présentations de candidatures,
une des personnes ayant, moins de trente
jours avant cette date, annoncé publiquement
sa décision d'être candidate décède ou se trouve
empêchée, le Conseil constitutionnel peut
décider de reporter l'élection.

Si, avant le premier tour, un des candidats
décède ou se trouve empêché, le Conseil
constitutionnel prononce le report
de l'élection.

En cas de décès ou d'empêchement
de l'un des deux candidats les plus favorisés
au premier tour avant les retraits éventuels,
le Conseil constitutionnel déclare qu'il doit
être procédé de nouveau à l'ensemble
des opérations électorales ; il en est de même
en cas de décès ou d'empêchement
de l'un des deux candidats restés en présence
en vue du second tour.

Dans tous les cas, le Conseil constitutionnel
est saisi dans les conditions fixées

| apprentissage républicain | présidence interrompue | République de la province |

au deuxième alinéa de l'article 61 ci-dessous ou dans celles déterminées pour la présentation d'un candidat par la loi organique prévue à l'article 6 ci-dessus.

Le Conseil constitutionnel peut proroger les délais prévus aux troisième et cinquième alinéa sans que le scrutin puisse avoir lieu plus de trente-cinq jours après la date de la décision du Conseil constitutionnel. Si l'application des dispositions du présent alinéa a eu pour effet de reporter l'élection à une date postérieure à l'expiration des pouvoirs du Président en exercice, celui-ci demeure en fonction jusqu'à la proclamation de son successeur.

Il ne peut être fait application ni des articles 49 et 50, ni de l'article 89 de la Constitution durant la vacance de la présidence de la République ou durant la période qui s'écoule entre la déclaration du caractère définitif de l'empêchement du président de la République et l'élection de son successeur.

Article 8.
Le président de la République nomme le Premier ministre. Il met fin à ses fonctions sur la présentation par celui-ci de la démission du gouvernement.

Sur la proposition du Premier ministre, il nomme les autres membres du gouvernement et met fin à leurs fonctions.

Article 9.
Le président de la République préside le Conseil des ministres.

Article 10.
Le président de la République promulgue les lois dans les quinze jours qui suivent la transmission au gouvernement de la loi définitivement adoptée.

Il peut, avant l'expiration de ce délai, demander au Parlement une nouvelle délibération de la loi ou de certains de ses articles. Cette nouvelle délibération ne peut être refusée.

Article 11.
Le président de la République, sur proposition du gouvernement pendant la durée des sessions ou sur proposition conjointe des deux assemblées, publiées au *Journal officiel*, peut soumettre au référendum tout projet de loi portant sur l'organisation des pouvoirs publics, sur des réformes relatives à la politique économique ou sociale de la nation et aux services publics qui y concourent, ou tendant à autoriser la ratification d'un traité qui, sans être contraire à la Constitution, aurait des incidences sur le fonctionnement des institutions.

Lorsque le référendum est organisé sur proposition du gouvernement, celui-ci fait, devant chaque assemblée, une déclaration qui est suivie d'un débat.

Lorsque le référendum a conclu à l'adoption du projet de loi, le président de la République promulgue la loi dans les quinze jours qui suivent la proclamation des résultats de la consultation.

Article 12.
Le président de la République peut, après consultation du Premier ministre et des présidents des assemblées, prononcer la dissolution de l'Assemblée nationale.

Les élections générales ont lieu vingt jours au moins et quarante jours au plus après la dissolution.

L'Assemblée nationale se réunit de plein droit le deuxième jeudi qui suit son élection. Si cette réunion a lieu en dehors de la période prévue pour la session ordinaire, une session est ouverte de droit pour une durée de quinze jours.

Il ne peut être procédé à une nouvelle dissolution dans l'année qui suit ces élections.

Article 13.
Le président de la République signe les ordonnances et les décrets délibérés en Conseil des ministres.

Il nomme aux emplois civils et militaires.

Le rôle du président de la République dans la Constitution de la Ve République (suite)

Les conseillers d'État, le grand chancelier de la Légion d'honneur, les ambassadeurs et envoyés extraordinaires, les conseillers maîtres à la Cour des comptes, les préfets, les représentants du gouvernement dans les territoires d'outre-mer, les officiers généraux, les recteurs des académies, les directeurs des administrations centrales sont nommés en Conseil des ministres.

Une loi organique détermine les autres emplois auxquels il est pourvu en Conseil des ministres ainsi que les conditions dans lesquelles le pouvoir de nomination du président de la République peut être par lui délégué pour être exercé en son nom.

Article 14.
Le président de la République accrédite les ambassadeurs et les envoyés extraordinaires auprès des puissances étrangères ; les ambassadeurs et les envoyés extraordinaires étrangers sont accrédités auprès de lui.

Article 15.
Le président de la République est le chef des armées. Il préside les conseils et comités supérieurs de la Défense nationale.

Article 16.
Lorsque les institutions de la République, l'indépendance de la nation, l'intégralité de son territoire ou l'exécution de ses engagements internationaux sont menacées d'une manière grave et immédiate et que le fonctionnement régulier des pouvoirs publics constitutionnels est interrompu, le président de la République prend les mesures exigées par ces circonstances, après consultation officielle du Premier ministre, des présidents des assemblées ainsi que du Conseil constitutionnel.

Il en informe la nation par un message.

Ces mesures doivent être inspirées par la volonté d'assurer aux pouvoirs publics constitutionnels, dans les moindres délais, les moyens d'accomplir leur mission. Le Conseil constitutionnel est consulté à leur sujet.

Le Parlement se réunit de plein droit.

L'Assemblée nationale ne peut être dissoute pendant l'exercice des pouvoirs exceptionnels.

Article 17.
Le président de la République a le droit de faire grâce.

Article 18.
Le président de la République communique avec les deux assemblées du Parlement par des messages qu'il fait lire et qui ne donnent lieu à aucun débat.

Hors session, le Parlement est réuni spécialement à cet effet.

Article 19.
Les actes du président de la République autres que ceux prévus aux articles 8 (1er alinéa), 11, 12, 16, 18, 54, 56 et 61 sont contresignés par le Premier ministre et, le cas échéant, par les ministres responsables.

apprentissage républicain

présidence interrompue

République de la province

Œuvres des présidents de la République

Louis-Napoléon Bonaparte
*Considérations politiques et militaires
sur la Suisse*, A. Levasseur, 1833.
L'Extinction du paupérisme, Pagrurre, 1844.
Histoire du canon dans les armées modernes,
Martinon, 1848.

Adolphe Thiers
Histoire de la Révolution (10 vol.),
Imprimerie de Cosson, 1828.
Du communisme, 1849.
Histoire du Consulat et de l'Empire, Zivol,
Paulin, Lheureux et Cie.
Manifeste de M. Thiers, Mignet, 1877.
Discours parlementaires, Calmann-Lévy,
1879-1889.
Notes et souvenirs (1870-1873), Calmann-
Lévy, 1903.

Patrice de Mac-Mahon
*Mémoires du maréchal de Mac-Mahon,
souvenirs d'Algérie*, Plon, 1932.

Jules Grévy
Le Gouvernement nécessaire,
A. Le Chevalier, 1873.
Manifeste de la gauche, E. Houssaye, 1870.
Discours, messages.

Jean Casimir-Perier
Discours, préfaces.
*Les Effectifs de la cavalerie.
Guide de l'électeur sénatorial.*

Félix Faure
*Les Budgets contemporains, budgets
de la France depuis vingt ans et des princi-
paux États de l'Europe depuis 1870* (1887).
*Mémoires anecdotiques : propos de Félix
Faure* (avec une introduction et des notes
de Gabriel Terrail), 1902.
Discours et écrits administratifs.

Raymond Poincaré
*Au service de la France : neuf années
de souvenirs* (10 vol.), Plon, 1926-1933.
Ce que demande la cité, Hachette, 1912.
Idées contemporaines, Fasquelle, 1906.
Questions et figures politiques, Fasquelle, 1907.
Les Responsabilités de la guerre, Payot, 1930.

Alexandre Millerand
Le Socialisme réformiste français,
G. Bellais, 1903.
La Grève et l'organisation ouvrière,
F. Alcan, 1906.
L'Effort et le devoir français, Bloud et Gay, 1917.
La Guerre libératrice, A. Colin, 1918.
Travail et travailleurs, 1908.
Pour la défense nationale, 1913.

Gaston Doumergue
Mes causeries avec le peuple de France, 1934.

François Mitterrand
Mémoire à deux voix, Odile Jacob, 1995.

Bibliographie

*La plupart des ouvrages ne sont plus désormais accessibles
qu'en bibliothèque (signalés par le signe ■)*

Sur Louis-Napoléon Bonaparte
CASTELOT (André), *Napoléon III*,
Librairie académique Perrin, 1973, 2 vol.
GIRARD (Louis), *Napoléon III*, Fayard,
1986.
■ LEGUEBE (Eric), *Napoléon III le Grand*,
Authier, 1978.
■ SÉGUIN (Philippe), *Louis-Napoléon
le Grand*, Grasset, 1990.

Sur Louis Adolphe Thiers
■ CASTRIES (René de), *Monsieur Thiers*,
Perrin, 1983.
■ CHRISTOPHE (Robert), *Le Siècle
de M. Thiers*, Perrin, 1968.
■ FRANCK (Francis), *Vie de M. Thiers*, 1877.
GUIRAL (Pierre), *Adolphe Thiers
ou De la nécessité en politique*,
Fayard, 1986.

timide
renaissance

monarchie
républicaine

approfondir

**Les présidents
de la République française** 59

Bibliographie (suite)

■ POMARET (Charles), *Monsieur Thiers et son siècle,* 1948.
■ RECLUS (Maurice), *Monsieur Thiers,* Plon, 1929.

Sur Patrice de Mac-Mahon
■ COLLIN (Gabriel), *Le Duc de Magenta,* J. Lefort, 1894.
■ FREVILLE (Xavier de), *Mac-Mahon,* Tobra, 1894.
■ HANOTAUX (Gabriel), *Histoire de la France contemporaine (1871-1900),* Combet, 1904-1907.
■ LAFORGE (Léon), *Histoire complète de Mac-Mahon,* Poisson, 1898.

Sur Jules Grévy
■ BONNIÈRES (Robert de), *Mémoires d'aujourd'hui.*
■ DANSETTE (Adrien), *L'Affaire Wilson et la chute du président Grévy.*
LAVERGNE (Bernard), *Les Deux présidences de Jules Grévy, 1879-1887,* Firschbacher, 1976, mémoire de Bernard Lavergne.

Sur Sadi Carnot
■ GENEVOIS (Henri), *Carnot et la défense nationale,* H. Le Soudier, 1894.
■ LACASSAGE (A.), *L'Assassinat du président Carnot,* A. Storck, 1894.
■ PICQUET (Maurice), *Histoire d'un Français, Sadi Carnot,* A. Picard et Karen, 1899.
■ PY (Robert), *Sadi Carnot,* Fayard, 1888.
■ ZEVORT (F.), *Histoire de la IIIe République. Le président Sadi Carnot,* F. Alcan, 1901.

Sur Raymond Poincaré
■ CHASTENET (Jacques), *Raymond Poincaré,* R. Juilliard, 1948.
■ DAUDET (Léon), *Le Maire de Lorraine. Raymond Poincaré,* 1930.
■ DUMESNIL (René), *Raymond Poincaré,* Flammarion, 1934.
MIQUEL (Pierre), *Poincaré,* Fayard, 1984.

WORMSER (Georges), *Le Septennat de Poincaré,* Fayard, 1977.

Sur Paul Deschanel
■ MALLIAVIN (René), *La Politique nationale de Paul Deschanel,* Champion, 1925.
■ MELIA (Jean), *Paul Deschanel,* 1924.
■ SOGNOLET (Louis), *La Vie et l'œuvre de Paul Deschanel,* Hachette, 1926.

Sur Émile Loubet
■ AVENEL (Henri), *Le Président Loubet et ses prédécesseurs,* F. Juven, 1905.
■ COMBARIEU (Abel), *Sept Ans à l'Élysée avec le président Émile Loubet,* Hachette, 1932.
■ GARNEREAU (Edmond), *Loubet le magnifique ou les funambules du dreyfusisme*
■ PIERRE-GERINGER (Charles), *Monsieur Émile Loubet et la présidence de la République,* Guret, 1900.

Sur Armand Fallières
■ BAUMONT (Stéphane), *Fallières ou la République de la province,* Éché, 1988.
■ CHASTENET (Jacques), *La France de M. Fallières,* Le Livre de poche, 1966.
■ CLEMENS (Jacques), *A. Fallières, ministre de l'Instruction publique,* Revue de l'Agenais, 1986.

Sur Alexandre Millerand
■ BARTY (Jacques), *L'Affaire Millerand,* 1924.
■ PERSIL RAOUL (Alexandre), *Millerand,* 1949.
■ DERFLER (L.), *Alexandre Millerand, the socialist years,* 1977.

Sur Gaston Doumergue
■ EISCHER (Jacques), *Doumergue et les politiciens,* 1935.
■ LAFUE (Pierre), *Gaston Doumergue,* 1933.
■ RIVES (Jean), *Gaston Doumergue, du modèle républicain au sauveur suprême,* Presses de l'IEP Toulouse, 1992.

apprentissage républicain | présidence interrompue | République de la province

ANTONETTI (Guy), *Histoire contemporaine, politique et sociale*, PUF, 1999.

AVRIL (Pierre), *La Ve République, histoire politique et constitutionnelle*, PUF, 1987.

■ CHEVALLIER (Jean-Jacques), *Histoire des institutions et des régimes politiques de la France de 1789 à nos jours*, Dalloz, 1991.

FREMY (Dominique), *Quid des présidents de la République et des candidats*, Robert Laffont, 1987.

■ MASSOT (Jean), *La Présidence de la République en France*, La Documentation française, 1986.

Midi (hors-série), *Présidents et présidentiables*, 1988.

■ RIALS (Stéphane), *La Présidence de la République*, coll. « Que sais-je ? », PUF, 1983.

SEMENTERY (Michel), *Les Présidents de la République française et leur famille*, Éditions Christian, 1982.

SIRINELLI (Jean-François), *Dictionnaire historique de la vie politique française au XXe siècle*, coll. « Grands dictionnaires », PUF, 1995.

ZARKA (Jean-Claude), *Le Président de la Ve République*, Ellipses, 1994.

Glossaire

Affaire Dreyfus : banale affaire d'espionnage au départ, elle devient très vite l'illustration de l'antisémitisme de l'époque (en l'occurrence à l'encontre du capitaine Dreyfus, qui était juif) et suscite une politisation sous l'influence de Clemenceau et de Zola.

Affaire de l'Observatoire : le 16 octobre 1959, François Mitterrand est victime dans les jardins de l'Observatoire, à Paris, d'un attentat – peut-être simulé – dont il aurait été prévenu.

Cartel des gauches : alliance électorale passée entre radicaux-socialistes et groupes de centre gauche lors des élections législatives de mai 1924 ; cadre politique dans lequel s'inscrivirent jusqu'en juillet 1926 les gouvernements de la France.

« Constitution Grévy » : formule qui marque la prédominance des conventions constitutionnelles sous la IIIe République. À partir de 1877-1879, l'application de la Constitution a abouti à l'enracinement de la République parlementaire,

à la victoire du Parlement sur l'institution présidentielle, qui dispose pourtant de vrais pouvoirs dans la lettre des lois constitutionnelles de 1875. Cet effacement de la présidence de la République dès 1879 se confirme progressivement (à l'exception de Casimir-Perier et Alexandre Millerand) : la pratique politique venait d'accoucher des « présidents-soliveaux* ».

Commune de Paris : insurrection parisienne (mars 1871) née d'un mouvement de fureur populaire provoqué par la défaite de 1870. La Commune est l'incarnation d'un gouvernement populaire et d'une démocratie directe. Karl Marx en a fait la première révolution du prolétariat moderne.

Crise boulangiste : crise suscitée par l'instabilité ministérielle, les scandales politiques (1888-1889), et qui faillit conduire au pouvoir un très populaire mais indécis comploteur, le général Boulanger (1837-1891).

Glossaire (suite)

Croix-de-Feu : association d'anciens combattants fondée en 1927, présidée par le colonel de La Rocque en 1931, qui devient la ligue la plus importante des années 1930 et dispute à la gauche l'occupation de la rue. Malgré son antiparlementarisme, la ligue s'affirme républicaine.

Lois Auroux : nouvelles dispositions législatives mises en place par le ministre du travail Jean Auroux et modifiant profondément le code du travail.

Orléanisme : système de pratique du pouvoir exercé sous Louis-Philippe (duc d'Orléans) lors de la monarchie de Juillet (1830-1848) dans lequel le ministère, trait d'union entre le roi, titulaire du pouvoir exécutif, et le Parlement, était responsable devant l'un et l'autre.

Parti de l'ordre : parti rassemblant aux élections législatives de mai 1849 les députés catholiques monarchiques, qui multiplie les lois réactionnaires.

Président du Conseil : titre porté en France de 1815 à 1958 par le chef du gouvernement.

Président-soliveau : (de « petite solive », pièce de charpente s'appuyant sur un mur ; signe de faiblesse) expression traditionnellement utilisée pour parler d'un président sans pouvoirs, comme ce fut le cas sous la IIIᵉ République.

Saint-simoniens : adeptes d'un mouvement créé au début du XIXᵉ siècle par le comte de Saint-Simon, prophète de l'industrialisation qui rêvait d'une technocratie autoritaire de savants, d'ingénieurs et d'industriels qui gouvernerait la société. Il y eut parmi leurs disciples Pierre Leroux.

Scandale de Panama : scandale politico-financier discréditant certains dirigeants républicains corrompus et suscitant une campagne antisémite en 1892.

Index des hommes politiques cités
Le numéro de renvoi correspond à la double page.

apprentissage républicain | présidence interrompue | République de la province

Dans la collection *Les Essentiels Milan*
derniers titres parus

Dans la collection *Les Dicos Essentiels Milan*

Dans la collection
Les Essentiels Milan Du côté des parents

Responsable éditorial
Bernard Garaude
Directeur de collection – Édition
Dominique Auzel
Secrétariat d'édition
Élise Oudin
Correction – Révision
Élisée Georgev
Iconographie
Sandrine Battle
Conception graphique
Bruno Douin
Maquette
Isocèle
Illustrations – Couverture
Michel Cambon
Fabrication
Isabelle Gaudon
Sandrine Bigot
Flashage
Exegraph

Les erreurs ou omissions
involontaires qui auraient pu
subsister dans cet ouvrage malgré
les soins et les contrôles de l'équipe
de rédaction ne sauraient engager
la responsabilité de l'éditeur.

© 2000 Éditions MILAN
300, rue Léon-Joulin,
31101 Toulouse Cedex 100 France

Aubin Imprimeur, 86240 Ligugé . - D.L. avril 2000 . - Impr. 59852